U0943954

理性的选择

跨越（1949—2019）

徐斌 等◎著

北京联合出版公司
Beijing United Publishing Co.,Ltd.

图书在版编目（CIP）数据

理性的选择 / 徐斌等著 . -- 北京：北京联合出版公司，2019.4（2019.9 重印）
（跨越：1949 — 2019）
ISBN 978-7-5596-3043-8

Ⅰ. ①理… Ⅱ. ①徐… Ⅲ. ①中国特色社会主义 – 社会主义建设模式 – 研究 –1949 — 2019 Ⅳ. ① D616

中国版本图书馆 CIP 数据核字（2019）第 046376 号

理性的选择
作　　者： 徐斌等
总 发 行： 北京华景时代文化传媒有限公司
责任编辑： 徐　鹏
封面设计： 张　敏
版式设计： 张　敏
责任审读： 赵　娜

北京联合出版公司出版
（北京市西城区德外大街 83 号楼 9 层　100088）
北京中科印刷有限公司印刷　　新华书店经销
字数 176 千字　　710 毫米 ×1000 毫米　　1/16　　15 印张
2019 年 4 月第 1 版　　2019 年 9 月第 4 次印刷
ISBN 978-7-5596-3043-8
定价：48.00 元

总　序

幸福都是奋斗出来的

——写在新中国成立 70 周年之际

“苟日新，日日新，又日新。”[①] 任何重大历史变革、任何伟大历史成就，都是用“解放思想”之明灯指引走向光明的正确方向，用“思想理性”之光辉照亮通往辉煌的光明大道，用“天下为公”之伟大梦想凝聚起团结奋斗的磅礴力量，用“不懈奋斗”之精神革故鼎新谱写辉煌的历史篇章。回顾历史，这也是我们党近百年来的历史、新中国成立 70 年的历史、改革开放 40 年的历史充分揭示和反复证明了的中国共产党的成功密码，彰显了中国共产党人团结带领全国各族人民在革故鼎新中跨越时代、在务实奋斗中实现梦想的坚定信念和使命担当。时值新中国成立 70 周年之际，我们从过去、现在、未来相统一的历史维度，事实、规律、价值相统一的理论维度，现实、理想、道路相统一的实践角度，民族、中国、世界相统一的空间维度，去回顾新中国 70 年实现伟大跨越的历史轨迹，去分析中国道路理性选择的自觉自信，去展望中华民族伟大复兴的伟大梦想，去探索通过不懈奋斗走向光辉彼岸的现实路径，剖析中国方案，总结中国经验，坚定中国道

① 王国轩译注:《大学 · 中庸》，中华书局 2006 年版，第 9 页。

路，挖掘中国智慧，这不仅对中国人民实现伟大梦想具有历史意义，而且对其他国家探索符合本国国情的现代化道路具有世界意义。正是基于这样的目的，我们组织中共中央党校（国家行政学院）、中央党史和文献研究院、求是杂志社、北京师范大学具有相关研究和造诣深厚的专家学者，编写了《跨越（1949—2019）》四部曲——《历史的轨迹》《理性的选择》《伟大的梦想》《不懈的奋斗》，作为理论工作者，以自己的绵薄之力做一点事情，为庆祝中华人民共和国 70 周年华诞献礼，以不辜负这个伟大的时代。

（一）伟大跨越的历史轨迹

《周易》有言："生生之谓易。"然而，由于历史上文化保守主义的流行，人们对传统的尊重渐渐演变成了厚古薄今的复古心态，"一仍旧贯"被认为是一种美德，而"改革创新"往往被斥为"离经叛道"。昔日"苟日新，日日新"的革故鼎新的创新意识，被"天不变，道亦不变"、墨守成规的保守文化所替代，形成因循守旧、故步自封的国民性格。曾经历史悠久的辉煌古国，一步步沦落到处于风雨飘摇的危险境地，积贫积弱，以割地赔款、丧权辱国、任人宰割的悲惨局面跨入了近代。

"穷则思变"，为了挽救民族危亡、实现国家独立和富强，中国人曾经选择过各种各样的主义，进行过各种各样的斗争，包括洋务运动、维新变法、旧式民主革命等，最终都没有能够解决问题。正如毛泽东所说："从一八四〇年的鸦片战争到一九一九年的五四运动的前夜，共计七十多年中，中国人没有什么思想武器可以抵御帝国主义。"[①] 新文化运动，特别是五四运动，在中国知识界引起了空前的思想解放。这次思想解放冲破了封建罗网，使中国人民从封建专制主义思想的禁锢下解放了出来，打破了中国人民对西方的迷信和对帝国主义的幻想。

① 毛泽东：《唯心历史观的破产》，《毛泽东选集》第 4 卷，人民出版社 1991 年版，第 1513—1514 页。

“十月革命一声炮响，给我们送来了马克思列宁主义。十月革命帮助了全世界的也帮助了中国的先进分子，用无产阶级的宇宙观作为观察国家命运的工具，重新考虑自己的问题。走俄国人的路——这就是结论。”[①] 正如毛泽东所说：“一九一七年的俄国革命唤醒了中国人，中国人学得了一样新的东西，这就是马克思列宁主义。……从此以后，中国改换了方向。”[②] 中国一代青年马克思主义者如雨后春笋茁壮成长，伟大的中国共产党诞生了，从此中国革命有了主心骨。在中国共产党成立以后二十多年的历史中，我们的革命事业取得了巨大成功，但同时由于教条主义的滋长，革命事业也经历了巨大的挫折和严重的失败。“左”的和右的错误，特别是“左”倾冒险主义，不但使我们的革命根据地丧失 90%，而且几乎把中国革命推向了绝境。以毛泽东同志为主要代表的中国共产党人，批判教条主义，纠正了“左”倾错误，坚持把马克思主义基本原理同中国革命的实际相结合，走出了一条“农村包围城市，武装夺取政权”的革命道路，成功解决了中国的革命问题，并建立了中华人民共和国，中国人民从此站起来了！

新中国成立之后，如何建设社会主义是摆在中国共产党人面前的一大考验。世界上第一个社会主义国家已经建立，以苏联为“向前发展的活榜样”，按照苏联的模式进行社会主义建设，理所当然成了我们的不二选择。但是，照抄照搬苏联模式的弊端逐渐显现，毛泽东尖锐地提出了“以苏为鉴”的问题：“他们走过的弯路，你还想走？过去我们就是鉴于他们的经验教训，少走了一些弯路，现在当然更要引以为戒。”[③] 在这样的背景下，毛泽东分别于 1956 年、1957 年发表了《论十大关系》和《关于正确处理人民内部矛盾的问题》，中国共产党坚持解放思想，开启了探索适合中国国情的

① 毛泽东：《论人民民主专政》，《毛泽东选集》第 4 卷，人民出版社 1991 年版，第 1471 页。
② 毛泽东：《唯心历史观的破产》，《毛泽东选集》第 4 卷，人民出版社 1991 年版，第 1514 页。
③ 毛泽东：《论十大关系》，《毛泽东文集》第 7 卷，人民出版社 1999 年版，第 23 页。

社会主义建设道路的历史先河。

新中国成立初期，由于我们对社会主义认识上的局限，对中国国情把握的偏差，对社会主义建设规律认识不足，“左”的思想不断滋长，造成了社会主义建设的一些失误。尤其是“文化大革命”期间，林彪、“四人帮”反革命集团大搞禁区、禁令，制造迷信，严重束缚了人们的思想，导致整个国家极度混乱，整个国民经济濒临崩溃边缘，几乎葬送了中国社会主义的前途。1978 年，关于真理标准问题的讨论成了一场伟大的思想解放运动，它冲破了“两个凡是”和个人崇拜的思想禁锢，实现了思想路线、政治路线和组织路线的拨乱反正，重新确立了“解放思想、实事求是”的思想路线，将党的工作重心从“以阶级斗争为纲”转移到社会主义现代化建设上来，吹响了中国改革开放的号角!

正是在坚持“走自己的路”的自觉自信中，我们解放思想、实事求是，大胆地试、勇敢地改，干出了一片新天地，使中国大踏步地赶上了时代。党的十九大报告指出:“改革开放之初，我们党发出了走自己的路、建设中国特色社会主义的伟大号召。从那时以来，我们党团结带领全国各族人民不懈奋斗，推动我国经济实力、科技实力、国防实力、综合国力进入世界前列，推动我国国际地位实现前所未有的提升，党的面貌、国家的面貌、人民的面貌、军队的面貌、中华民族的面貌发生了前所未有的变化，中华民族正以崭新姿态屹立于世界的东方。”

（二）走自己的路的理性选择

从事实判断的角度来看，中国道路已经成功，这个事实不能否认，也否认不了。我国改革开放 40 年来所取得的巨大成就不仅令国人振奋，也让世界瞩目。既然中国道路已经取得了成功，中国道路的成功密码就亟须破解。我国 40 年改革开放所取得的辉煌成就，已经证实中国道路是行得通的。但是，中国道路为什么行？这个问题不仅国际社会想知道答案，而且我们自己也迫切需要回答。中国道路的成功因素固然有很多，既有偶然性因素和机遇性条件，也有必然性要素和规律性原因，但是最根本的原因在于：我们基于社会主义的工具理性、价值理性和实践理性，突破了各种教条主义和经验主义的迷信和禁锢，坚定了社会主义现代化的自觉自信，做出了走自己的路的伟大抉择。习近平总书记在庆祝改革开放40周年大会上的讲话中指出："在中国这样一个有着5000多年文明史、13亿多人口的大国推进改革发展，没有可以奉为金科玉律的教科书，也没有可以对中国人民颐指气使的教师爷。鲁迅先生说过：'什么是路？就是从没路的地方践踏出来的，从只有荆棘的地方开辟出来的。'中国特色社会主义道路是当代中国大踏步赶上时代、引领时代发展的康庄大道，必须毫不动摇走下去。"

1. 我们根据价值理性，坚持人民至上，走出了中国道路，创造了中国奇迹

在发展的现实实践中，世界上其他国家也走过了大致相似的发展道路，最初总是从工具理性的角度来考虑"怎么才能够发展得更快"以取得更大的发展成就，而往往忽视对价值理性的追问，即思考"为什么要发展"这个根本问题。可以说，现在所遇到的所有发展问题，包括全球性问题、生态问题、和平问题、贫困问题等，其根源主要在于人们对于发展价值的曲解和无视。胡塞尔在《欧洲科学危机和超验现象学》中指出："在19世纪后半叶，现代人让自己的整个世界观受实证科学支配，并迷惑于实证科学所造就的'繁荣'。这种独特现象意味着，现代人漫不经心地抹去了那些对于真正的人来说至关重要的问题。只见事实的科学造就了只见事实的人。"[①] 人们在对工具理性的追求中忽视了对价值理性的追问。从客观上来讲，这样的发展短期看来确实对于解决人类物质性的需要具有一定的意义，但是如果把它当成终

① 埃德蒙德·胡塞尔著，张庆熊译：《欧洲科学危机和超验现象学》，上海译文出版社2005年版，第7页。

极目的，那么就必然会带来各种各样的陷阱、各种各样的赤字，例如和平赤字、发展赤字、公平赤字等。坚持人民至上和以人民为中心的发展理念，是中国共产党人谋划和推动中国特色社会主义伟大事业的价值指向，这也就决定了中国道路遵从价值理性，因而确保了发展方向的正确。

2. 我们根据辩证逻辑，选择工具理性，走出了中国道路，创造了中国奇迹

马克思主义的革命性在于它把唯物辩证法作为根本方法，不把任何现存事物看成是永恒的、神圣的、不可侵犯的东西，不对任何迷信和谬误让步。有人曾经认为，西方文明是世界上最好的文明，西方的现代化道路是唯一可行的发展“范式”，西方的民主制度是唯一科学的政治模式。但是，经济持续快速发展、人民生活水平不断提高、综合国力大幅提升的“中国道路”，廓清了这些违背唯物辩证法“独断论”的迷雾。古人云：“理一分殊。”中国经验证明，每个国家、每个民族由于历史文化传统不同，所处的历史发展阶段不同，面临的形势和问题不同，人民群众的需要和要求不同，它们实现发展、造福人民的具体道路当然可以不同，而且必须不同。只要坚守追求国家发展和人民幸福的“道”不变，每一个国家和民族的具体道路、方略和方法不能定于一尊，必须因时而异、因地制宜、因势而变，适合的才是最好的。

3. 我们根据实践理性，坚持不懈奋斗，走出了中国道路，创造了中国奇迹

马克思主义立足于改造世界，具有实践性的理论品格，要求坚持实践第一，保持不懈奋斗的精神。马克思主义哲学不是远离社会生活和脱离社会实践的书斋理论，而是深深地植根于实践、服务于实践又在实践中不断发展的活生生的理论。它在指导无产阶级革命实践的过程中实现自己的历史使命，又在这种实践的过程中使自身不断经受检验，获得丰富和发展。中国共产党人坚持唯物论，牢牢把握我国发展的阶段性特征，科学判断我国所处的历史方位；坚持价值论，牢牢把握人民群众对美好生活的向往，

科学判断发展的价值理性；坚持解放思想，实事求是，一切从实际出发，根据中国特色社会主义的总依据，指向中国特色社会主义的总目标，提出新的思路、战略和举措，绘制实现伟大梦想的宏伟蓝图。根据“中国特色社会主义进入了新时代”的科学判断，党的十九大报告指出“我国社会主要矛盾已经转化为人民日益增长的美好生活需要和不平衡不充分的发展之间的矛盾”。我国社会主要矛盾的变化是关系全局的历史性变化，这对党和国家工作提出了许多新要求。我们要在继续推动发展的基础上，着力解决好发展不平衡不充分问题，大力提升发展质量和效益，更好满足人民在经济、政治、文化、社会、生态等方面日益增长的需要，更好推动人的全面发展、社会的全面进步。我们党站在新的历史起点上，面对前进道路上的各种艰难险阻，凝聚全国各族人民的智慧和力量，团结带领全国各族人民以敢于斗争的精神状态，在坚持和发展中国特色社会主义的历史进程中攻坚克难，为建设富强民主文明和谐美丽的社会主义现代化强国、实现中华民族伟大复兴而顽强奋斗、艰苦奋斗、不懈奋斗。正是这种基于科学性和价值性相统一基础上的实践性，我们走出了中国道路，成就了伟大的中国奇迹。

《周易》有言：“形而上者谓之道，形而下者谓之器。”揭示中国道路的成功密码，就是问“道”中国道路，也就是挖掘中国道路之中蕴含的中国智慧。这个“道”不是一个具体的手段、具体的方法和具体的方略，而是可以为每个国家和民族选择“行道”之“器”提供必须坚守的价值和基本原则。这个“道”是具有共通性的普遍智慧，可以启发其他国家和民族据此选择适合自己的发展道路，因而它具有世界意义。

（三）凝聚力量的伟大梦想

共同理想是鼓舞中华民族奋力前行、开创美好未来的精神力量。理想，是人们对美好未来的向往和追求，是人们的奋斗目标和精神支柱，也是激励人们奋发进取的强大动力。中国特色社会主义共同理想，就是在中国共产党领导下，中国人民实现社会主义现代化和中华民族伟大复兴的中国梦。

党的十八大以来，以习近平同志为核心的党中央提出实现中华民族伟大复兴中国梦的重大命题，在国内外引起强烈反响。实现“两个一百年”奋斗目标和中华民族伟大复兴的中国梦，已成为全党全国各族人民的共同心愿，成为凝聚海内外中华儿女团结奋斗的精神旗帜。我们历经革命、建设和改革，在解决了“站起来”和“富起来”的时代课题的基础上，“强起来”的时代课题已经摆在了中华民族、中国人民和中国共产党人的面前。我们前所未有地接近世界舞台中央，前所未有地接近实现中华民族伟大复兴的目标，前所未有地具有实现这个目标的能力和信心。

我们怎么实现中国梦？需要我们通过共同的理想信念树起一座精神灯塔，指引全国各族人民不为任何风险所惧，不为任何干扰所惑，更好地投身改革开放和社会主义现代化建设，不断夺取中国特色社会主义事业新胜利。我们共产党人要承担历史使命，就是团结带领全国各族人民把力量凝聚起来，不断坚持和完善中国特色社会主义，为了实现中华民族伟大复兴而共同奋斗，这就是我们始终要牢记的政治方向。

习近平总书记指出：“人民立场是中国共产党的根本政治立场，是马克思主义政党区别于其他政党的显著标志。党与人民风雨同舟、生死与共，始终保持血肉联系，是党战胜一切困难和风险的根本保证，正所谓‘得众则得国，失众则失国’。”① 来自人民、植根人民、服务人民，是我们党永远

① 习近平：《在庆祝中国共产党成立 95 周年大会上的讲话》，《人民日报》2016 年 7 月 2 日。

立于不败之地的根本所在。来自人民，回答了来自谁的问题，反映了党的本质属性；植根人民，回答了依靠谁的问题，揭示了党的动力之源；服务人民，回答了为了谁的问题，宣告了党的奋斗宗旨。实现中华民族伟大复兴，是近代以来中华民族最伟大的梦想。中国梦是国家的、民族的，也是每一个中国人的。国家好、民族好，大家才会好。只有每个人都为美好梦想而奋斗，才能汇聚起实现中国梦的磅礴力量。人民是历史的主人，中国特色社会主义事业是亿万人民自己的事业。坚持发展为了人民、发展依靠人民、发展成果由人民共享，我们党才能始终赢得广大人民的拥护、支持和爱戴，党领导的中国特色社会主义道路才能越走越宽广。

中国这么大一个国家，每个人都是中国梦的参与者、书写者，都是实现中国梦的重要成员。习近平总书记在第十二届全国人民代表大会第一次会议上的讲话中指出：“中国梦归根到底是人民的梦，必须紧紧依靠人民来实现，必须不断为人民造福。”“只要我们紧密团结，万众一心，为实现共同梦想而奋斗，实现梦想的力量就无比强大，我们每个人为实现自己梦想的努力就拥有广阔的空间。生活在我们伟大祖国和伟大时代的中国人民，共同享有人生出彩的机会，共同享有梦想成真的机会，共同享有同祖国和时代一起成长与进步的机会。”①

我们在实现中华民族伟大复兴的中国梦这个根本政治问题上要有坚定的战略定力。什么是战略定力？就是我们要牢记历史使命，我们所有行动都以这个梦想实现作为判断标准，不要为任何风险所惧，也不要为任何干扰所惑，不要为眼前利益蒙蔽双眼，也不能为民族主义情绪所左右。凡是有利于实现这个梦想的事情我们坚决要做，凡是不利于实现这个梦想的事情我们坚决不做。

① 习近平：《在第十二届全国人民代表大会第一次会议上的讲话》，《人民日报》2013 年 3 月 18 日。

党的十八大以来，党中央围绕实现中华民族伟大复兴的中国梦这一总体战略目标，在经济、政治、文化、社会、生态、党的建设以及外交国防等方面进行一系列的战略部署和战略实践，形成了实现中国梦的系统战略路线图。新形势下，不管是协调推进“四个全面”战略布局还是践行新发展理念，不管是啃下深化改革的硬骨头还是打赢扶贫脱贫、供给侧结构性改革等攻坚战，都要求从政治上考量，在大局下行动，围绕核心聚力，向党中央看齐。只有解决好世界观、人生观、价值观这个“总开关”问题，以信仰的力量凝聚意志和共识，同时以铁一般纪律凝聚力量和统一行动，心往一处想，劲往一处使，中国共产党才能够带领人民群众应对具有许多新的历史特点的伟大斗争，更好地坚持和发展中国特色社会主义伟大事业，从而担负起实现中华民族伟大复兴的神圣使命。

（四）在不懈奋斗中驶向彼岸

党的十九大报告指出：“行百里者半九十。中华民族伟大复兴，绝不是轻轻松松、敲锣打鼓就能实现的。全党必须准备付出更为艰巨、更为艰苦的努力。”实现伟大梦想，我们必须以永不懈怠的精神状态进行伟大斗争，在不懈奋斗中胜利驶向光辉的彼岸。

实践发展永无止境，矛盾无止境，问题无止境。毛泽东指出：“什么叫问题？问题就是事物的矛盾。哪里有没有解决的矛盾，哪里就有问题。”①社会是在矛盾运动中前进的，有矛盾就会有斗争。习近平总书记指出：“我们党领导人民干革命、搞建设、抓改革，从来都是为了解决中国的现实问题。”②强烈的问题意识贯穿于我国革命、建设和改革的全部实践，成为推动党和国家事业发展的不竭动力。

① 毛泽东：《反对党八股》，《毛泽东选集》第3卷，人民出版社1991年版，第839页。

② 习近平：《坚持运用辩证唯物主义世界观方法论　提高解决我国改革发展基本问题本领》，《人民日报》2015年1月25日。

就当前中国的现实而言，现在，我们已经站在一个新的历史起点上，正在进行具有许多新的历史特点的伟大斗争，面临的矛盾和挑战也前所未有。当今世界格局正在进行深度调整，综合国力竞争日趋激烈，我们面临的经济安全、政治安全、文化安全、军事安全、网络安全问题更加突出，维护和拓展国家战略利益的任务更加艰巨。当代中国正处于爬坡过坎的紧要关口，进入发展关键期、改革攻坚期、矛盾凸显期，许多问题相互交织、叠加呈现。如果没有强烈的问题意识，就不能有效破解改革和发展过程中的各种难题，中国特色社会主义事业就难以推进。因此，我们党要在直面问题、分析问题和解决问题的过程中，团结带领人民有效应对重大挑战、抵御重大风险、克服重大阻力、解决重大矛盾。这就必须进行具有许多新的历史特点的伟大斗争，任何贪图享受、消极懈怠、回避矛盾的思想和行为都是错误的。全党要充分认识这场伟大斗争的长期性、复杂性、艰巨性，发扬斗争精神，提高斗争本领，不断夺取伟大斗争新胜利。

中华民族伟大复兴的中国梦是全体中国人民的梦，进行具有许多新的历史特点的伟大斗争，坚持和发展中国特色社会主义伟大事业，必须团结带领人民、紧紧依靠人民来完成。历史一再证明，中国这样一个大国，最怕的就是一盘散沙、四分五裂。而能够把中国各地区、各民族十几亿人的力量凝聚起来，除了中国共产党，没有任何一个政治组织具有这样的条件和能力。近百年来的实践证明，无论遇到什么样的风险、危机和艰难险阻，我们党都能带领人民战胜它们，不断从胜利走向胜利。坚持中国共产党的领导永不动摇，根本原因在于“办好中国的事情，关键在党”[①]。正如党的十九大报告所指出的：“中国特色社会主义最本质的特征是中国共产党领导，中国特色社会主义制度的最大优势是中国共产党领导，党是最高政治

① 习近平：《在庆祝改革开放40周年大会上的讲话》，《人民日报》2018年12月19日。

领导力量，提出新时代党的建设总要求，突出政治建设在党的建设中的重要地位。”坚持和完善党的领导，是党和国家的根本所在、命脉所在，是全国各族人民的利益所在、幸福所在。

“打铁必须自身硬。”中国共产党承担着带领中国广大人民群众实现民族复兴的伟大历史使命，要应对具有许多新的历史特点的伟大斗争，面临的挑战很严峻，责任很重大，使命很光荣，需要自身更加坚强有力，必须全面从严治党，保持党的先进性和纯洁性，着力提高执政能力和领导水平，着力增强抵御风险和拒腐防变能力，不断把党的建设新的伟大工程推向前进。正如党的十九大报告所指出的：“伟大的事业必须有坚强的党来领导。只要我们党把自身建设好、建设强，确保党始终同人民想在一起、干在一起，就一定能够引领承载着中国人民伟大梦想的航船破浪前进，胜利驶向光辉的彼岸！”

全党全国各族人民、海内外中华儿女，要手拉手、肩并肩，凝聚起近14亿中国人民的磅礴力量，高高扬起中国航船的风帆，登高望远、居安思危，勇于变革、勇于创新，永不僵化、永不停滞，以永不懈怠的精神状态和一往无前的奋斗姿态，继续朝着实现中华民族伟大复兴的宏伟目标奋勇前进，齐心协力走向中华民族伟大复兴的光明前景！

中央党校（国家行政学院）哲学部副主任、教授、博士生导师　董振华

2019年2月

目　录

◀ 第一章

以苏为鉴：
探索自己的建设道路

人类社会的历史是人的活动的历史，“人们自己创造自己的历史，但是他们并不是随心所欲地创造，并不是在他们自己选定的条件下创造，而是在直接碰到的、既定的、从过去承继下来的条件下创造”[1]。人类社会发展体现为客观规律性和主体选择性的辩证统一，客观规律性体现在人民的理性选择中。发展可以分为渐进式发展和跃进式发展，跃进式发展以人民的理性选择为前提，渐进式发展则通过人民的理性选择为其开辟道路。

一、历史和人民选择了社会主义

中国共产党领导中国人民经过 28 年艰苦卓绝的奋斗取得了新民主主义革命的胜利，之后一系列问题摆在了人民面前：我们建立的中华人民共和国是什么样的国家？其性质、各阶级的地位和相互关系是什么？是建设一个社会主义国家，还是资本主义国家？是实现社会主义现代化，还是资本主义现代化？为从理论上阐明这些问题，毛泽东发表了《论人民民主专

① 马克思：《路易·波拿巴的雾月十八日》，《马克思恩格斯选集》第 1 卷，人民出版社 2012 年版，第 669 页。

政》。他认为，应该是现阶段的工人阶级、农民阶级、城市小资产阶级和民族资产阶级联合起来，在共产党领导下，组成自己的国家，选举政府。国家的性质是人民民主专政，即在人民内部实现民主制度，对敌人实现专政。

新中国成立后，经过社会主义革命，我们走上了社会主义道路，这是历史的选择、人民的选择，它具有历史合理性和现实合法性，是合规律性和合目的性的统一。

（一）历史合理性

中国共产党领导中国人民取得了新民主主义革命的胜利，又经过社会主义革命，建立了社会主义制度，这具有历史合理性，符合历史发展规律。

马克思主义认为，社会基本矛盾各要素之间相互作用推动了人类社会发展，人类社会总是由低级形态向高级形态发展。社会主义社会是比资本主义社会更高级的社会形态，它具有历史优越性和社会进步性，在结束了半殖民地半封建社会后，我们选择社会主义道路完全符合人类社会发展规律，是站在未来发展的高位阶中的理性选择。

中国社会发展没有经过典型资本主义阶段，直接进入了社会主义社会。这样的革命道路、发展模式，曾受到普列汉诺夫、考茨基等人的批判。普列汉诺夫认为，俄国究其生产力水平、无产阶级人数以及群众的文化程度和觉悟程度而言还没有做好社会主义革命的准备。

马克思以俄国为例论证了跨越资本主义“卡夫丁峡谷”并不违背历史辩证法，反而是唯物史观的现实证明。马克思认为，在一定的历史条件和基础上，借助一定的影响可以实现跨越。“和控制着世界市场的西方生产同时存在，就使俄国可以不通过资本主义制度的卡夫丁峡谷，而把资本主义制度所创造的一切积极的成果用到公社中来。”① 列宁领导俄国人民将科学社会主义变为现实，对怯懦的改良主义，他指出：“世界历史发展的一般规律，不仅丝毫不排斥个别发展阶段在发展的形式或顺序上表现出特殊性，反而是以此为前提的。”② 在一定的革命条件下，我们可以首先进行社会主义革命，建立社会制度，然后再发展生产力。

在中国，思想界也存在中国建立社会主义制度是早产的论调，呼吁“我们应补资本主义的课”。这种看法完全是机械论观点。马克思主义是我们社会发展的行动指南，而不是教条，人类社会发展规律正是在各国的具体实践中呈现出来的，我们在新中国成立后经过社会主义革命建立社会主义制度，是人类社会发展的活生生的具体形式，我们利用无产阶级政权形式，集中了各种资源，大力发展生产力，在短时间内恢复了社会秩序，重建新的社会结构，促进了生产力发展，我们选择社会主义具有历史合理性。

（二）党的目标和人民意愿

1949 年 10 月 1 日，中华人民共和国成立了，中国人民从此站起来了。为了巩固我们的胜利成果，我们选择了社会主义，并坚信，只有社会主义能够救中国。

中国共产党是以马克思主义为指导建立的无产阶级政党，马克思主义是我们党革命和建设的指导思想，马克思主义的宗旨、目标、立场和精神决定了我们党的奋斗纲领、革命任务、依靠力量、政治宗旨和最终目标。我们党

① 马克思：《给维·伊·查苏利奇的复信》，《马克思恩格斯选集》第 3 卷，人民出版社 2012 年版，第 825 页。

② 列宁：《论我国革命》，《列宁选集》第 4 卷，人民出版社 2012 年版，第 776 页。

之所以能领导中国人民取得新民主主义革命的胜利和社会主义革命的胜利，走上社会主义道路，就在于我们党从成立起就把为共产主义、社会主义而奋斗确定为自己的纲领，坚定共产主义远大理想和中国特色社会主义共同理想，不断把为崇高理想奋斗的伟大实践推向前进。

代表人民的利益，为人民谋幸福是中国共产党的建党宗旨和政治立场，也是中国共产党存在和发展的根本原则和要求。党的意志和人民的意志，只有体现人民的意志，党的意志才能得到贯彻和实现。人民是一个政治性概念、先进性概念，人民的意愿和历史发展的方向是一致的，体现人民意愿和要求的实践才能真正推动历史的发展。而符合历史发展趋势，创造社会财富的实践才能满足人民的需要，符合人民的意愿和要求。

中华人民共和国成立后，进行社会主义革命，走社会主义道路，符合党的决策，也是人民的选择，符合人民意愿的发展方向。1949 年 9 月 21 日，中国人民政治协商会议第一次会议召开。当毛泽东等党和国家领导人出现在开幕式主席台上时，全体委员热烈鼓掌达五分钟之久。当毛泽东说“中国人从此站立起来了！”时，许多人热泪盈眶，委员们不时报以热烈掌声。

中华人民共和国的成立基本上实现了国家的统一，结束了中国人民世代受压迫的历史，使人民成为国家的主人。人民当家作主的权利体现为人民能充分表达自己的意愿和要求，实现这个权利的组织形式是人民代表大会。这一制度形式适合中国国情，也有利于人民表达意志。著名社会学家费孝通参加了北京市第一届各界人民代表会议，他生动地描述了当时的强烈感受：我踏进会场，就看见很多人，穿制服的，穿工装的，穿短衫的，穿旗袍的，穿西服的，穿长袍的，还有一位戴瓜皮帽的——这许多一望而知不同的人物，会在一个会场里一起讨论问题，在我说是生平第一次。这是真正的人民民主，不同阶层、不同职业、不同身份的人都有机会参加人民代表大会才真正体现了大会的人民性。

从 1949 年下半年开始，随着各个城市的解放，很多城市召开了人民代表会议，并不断总结经验，逐步完善。毛泽东说："如果一千几百个县都能开起全县代表大会来，并能开得好，那就会对于我党联系数万万人民的工作，对于使党内外广大干部获得教育，都是极重要的。"①

新中国成立后，人民当家作主的政权建设和制度建设使人民群众意识到自己地位的改变，越来越敢于表达自己的看法和意见。他们通过信件方式向各级人民政府反映问题，表达意愿，这对于进行政权建设，顺利实施各项政策，起了重要作用。

（三）国际环境对我们选择的影响

国际环境是中国选择社会主义道路的外部条件和制约因素。第二次世界大战后，世界主要国家分为社会主义和资本主义两大对立阵营。新中国成立后，我们必须作出选择，是选择社会主义阵营还是资本主义阵营，不能走中间道路。毛泽东在《论人民民主专政》一文中，明确提出了"一边倒"的政策。新中国选择社会主义阵营，苏联对中国社会主义革命和建设的支持，是中国摆脱帝国主义封锁和可能的武装干涉，顺利建立社会主义制度的外部条件。

中华人民共和国宣告成立的第二天，苏联政府就发来照会，决定与新

① 毛泽东：《开好县的各界人民代表会议是一件大事》，《毛泽东文集》第 6 卷，人民出版社 1999 年版，第 4 页。

中国建立外交关系，并互派大使，苏联成为第一个承认新中国的国家。毛泽东在 1949 年 11 月 8 日致斯大林的电报里高兴地说："政府成立第二天即获得苏联的无条件承认，并很快即获得各新民主国家的同样的承认，这件事给了我们以有利的地位，使许多经常摇摆的人们稳定下来，觉得人民政府势力大了，不怕帝国主义了。"同苏联建立友好合作的外交关系非常重要，所以，新中国成立两个月后，毛泽东就出访苏联，同斯大林直接会谈，解决两国关系中的一些重要问题。在会谈中，毛泽东始终坚守新中国平等、互利、友好、合作的底线和原则，经过差不多两个月的艰苦会谈，终于使斯大林同意废弃同国民党政府签订的旧条约，而和新中国签订了《中苏友好同盟互助条约》。在这个过程中，在涉及国家主权和民族利益的重大问题上，毛泽东从不让步。凡是他认准要做的事，不达目的决不罢休，谁也阻挡不了。毛泽东在坚持原则的前提下，又善于做必要的妥协和让步。新条约是新中国与外国政府签订的第一个平等条约，它维护了中国的民族尊严和国家主权，提高了中国的国际地位和外交形象，表明中国人民真正站起来了。

"打扫干净屋子再请客"是新中国的外交方针。毛泽东形象地说，我们这个国家，如果形象地把它比作一个家庭来讲，它的屋内太脏了，柴草、垃圾、尘土、跳蚤、臭虫、虱子什么都有。解放后，我们必须认真清理我们的屋子，从内到外，从各个角落以至门窗缝里，把那些脏东西通通打扫一番，好好加以整理。等屋内扫清洁、干净，有了秩序、陈设好了，再请客人进来。我们的真正朋友，可以早点进屋子来，也可以帮助我们做清理工作，但别的客人得等一等，暂时还不能让他们进门。

"一边倒""另起炉灶""打扫干净屋子再请客"是新中国的三大外交方

针，为中国走社会主义道路确定了外交原则，为我们建立社会主义制度创造了良好的外部环境。

二、以苏为戒：走中国自己的道路

建立社会主义制度后，应该采取怎样的建设模式？毛泽东的《论十大关系》为我们探索社会主义建设道路指明了方向。毛泽东提醒我们："特别值得注意的是，最近苏联方面暴露了他们在建设社会主义过程中的一些缺点和错误，他们走过的弯路，你还想走？过去我们就是鉴于他们的经验教训，少走了一些弯路，现在当然更要引以为戒。"[①] 他的基本观点就是破除对苏联的迷信，总结经验教训，坚持"以苏为戒"，探索适合自己特点的社会主义建设道路。

（一）理性的研判："战争短时间内打不起来"

《论十大关系》是我们党建设社会主义的一个重要的转折点，正如毛泽东在《十年总结》中所说："从1956年提出十大关系起，开始找到自己的一条适合中国的路线。"这篇开拓性著作，是毛泽东对当时的整个国际环境进行理性研判的结果。

20世纪中叶，国际形势逐步走向缓和，对刚刚建立的新中国来说，是一个难得的机遇。这一时期，经过第二次世界大战后的恢复和重建，世界

① 毛泽东：《论十大关系》，《毛泽东文集》第7卷，人民出版社1999年版，第23页。

经济和科技进入了一个突飞猛进的时期，以原子能、计算机为代表的新兴技术极大地推动了生产力的提高，使世界经济向现代化迈进。以美国、西欧为首的资本主义国家进入了持续发展的黄金时期。与此同时，以苏联为代表的社会主义国家在经济和科技方面也取得了巨大成就。苏联在原子弹、计算机、核物理、半导体等高端技术方面取得了重大突破。尽管这一时期国际大势风云变幻，但总体趋势趋向平缓。1954 年在柏林举行的苏美英法四国外长会议、在日内瓦召开的国际会议以及 1955 年的万隆会议，都表明国际形势出现了缓和，维护世界和平的力量逐渐增强。

这一时期，中国所处的国际环境也得到改善，中苏关系处在一个良好的发展时期，中国也同其他社会主义国家建立了日益密切的交往关系。万隆会议后，中国对亚洲邻国的影响力逐渐提高，中国的周边环境也得到进一步改善。更为重要的是，中国与主要资本主义国家之间的关系也出现了一些缓和并改善的迹象。在此背景下，以毛泽东同志为主要代表的中国共产党人认为，整个国际形势趋向缓和，“新的侵华战争和新的世界大战，估计短时期内打不起来，可能有十年或者更长一点的和平时期”①。这个判断一方面反映出我们党深刻认识到战争的危险依旧存在，但另一方面也表明我们党充分认识到世界和平发展的整体走向。新的战争短时间内打不起来的判断对于迫切需要发展经济的新中国而言，是一个具有深远意义的重大判断，这与中国共产党在新中国成立初期渴望和平的国际环境是高度契合的。这一时期，中国领导人在对国际形势进行理性研判的基础上，形成了和平共处的基本原则，为探索适合自己国情的社会主义建设道路作出了正确的估计。

① 毛泽东：《论十大关系》，《毛泽东文集》第 7 卷，人民出版社 1999 年版，第 26 页。

（二）道路的回归：走自己的社会主义建设道路

新中国的成立标志着中国历史进入了一个新纪元，标志着中国人民走上了一条新道路。新中国成立初期，我们以学习苏联的社会主义经验为主，这在当时的历史条件下是必要的，也取得了一定的成绩。但是学习不是照搬，实践证明，盲目照搬苏联的经验，不仅会“水土不服”，而且还严重束缚社会生产力的发展。这就需要我们积极探索适合中国具体实际和时代特点的建设道路，实现马克思主义与中国实际的“第二次结合”。

在社会主义改造时期，中国共产党人提出了过渡时期的总路线，较为顺利地实现了“三大改造”。然而，对于改造结束后进行的大规模的经济建设，我们没有形成经验，只能照抄照搬“苏联模式”，这种发展方式尽管必要，特别是在“一五”计划中，我们依靠这种正在形成的“苏联模式”，集中全国人力、物力和财力，初步奠定了工业化基础。但是，随着经济发展规模的扩大，这种高度集中的计划经济体制的弊端也逐渐暴露出来，表现为管得过多、管得过死、管得过严，企业的权限太小；过分强调高度集中和统一，割断了各部门、各企业之间的经济联系；所有制结构单一，分配方式固化。这些弊端逐渐成为经济发展的阻碍因素，对正在建设社会主义的中国来说无疑是一种束缚和羁绊。它“缺乏创造性，缺乏独立自主的能力。这当然不应当是长久之计”[①]。

这一时期，毛泽东对“苏联模式”的利弊得失进行了深入思考，对我国社会主义实践经验进行了总结，逐渐形成了“把马克思列宁主义的普遍真理与中国实际第二次结合”的重要命题。毛泽东立足于国内和国际两个

① 毛泽东：《在扩大的中央工作会议上的讲话》，《毛泽东文集》第 8 卷，人民出版社 1999 年版，第 305 页。

大局，审时度势，从历史、理论与现实相统一的高度，对苏共二十大后国际共产主义运动的变局和中国共产党的对策问题作了深刻阐释。他指出："赫鲁晓夫这次揭了盖子，又捅了娄子。他破除了那种认为苏联、苏共和斯大林一切都是正确的迷信，有利于反对教条主义，不要再硬搬苏联的一切了，应该用自己的头脑思索了。应该把马列主义的基本原理同中国社会主义革命和建设的具体实际结合起来，探索在我们国家里建设社会主义的道路了。"[①] 一个月后，毛泽东再次提出，现在是社会主义革命和建设时期，我们要进行第二次结合，找出在中国怎样建设社会主义的道路。这说明我们党已经认识到社会主义建设不可能千篇一律，每个国家应该有不同的建设模式。中国建设社会主义应该有自己的特殊性，这是毛泽东对中国社会主义建设道路的一个重要认识。根据自己的国情建设社会主义，不盲从、不迷信，对于刚刚起步的新中国来说，是十分重要的，也是一个宝贵的经验。

（三）基本方针：调动一切积极因素建设社会主义

《论十大关系》的基本方针是调动一切积极因素为社会主义建设事业服务。毛泽东在这篇报告中强调："我们一定要努力把党内党外、国内国外的一切积极的因素，直接的、间接的积极因素，全部调动起来，把我国建设成为一个强大的社会主义国家。"[②] 在毛泽东看来，社会主义建设中存在积极因素与消极因素，它们是一对矛盾。充分调动一切积极因素，尽可能地克服消极因素，并且努力化消极因素为积极因素，是社会主义事业前进的现实需要。社会主义建设中的积极因素与消极因素是多方面的、多层次的，

① 中共中央文献研究室：《毛泽东年谱》第 2 卷，中央文献出版社 2013 年版，第 550 页。
② 毛泽东：《论十大关系》，《毛泽东文集》第 7 卷，人民出版社 1999 年版，第 44 页。

既包括党内外的因素，也包括国内外的因素；既包括直接的因素，也包括间接的因素。在这些因素中，积极因素是主导性的，占统治地位，是推动社会主义事业发展的可靠保证。

毛泽东充分认识到社会主义建设中的积极因素与消极因素可以在一定条件下相互转化，我们的任务就是创造条件促成消极因素转化成积极因素，尽力防止消极因素的逆转。调动一切积极因素的方针，充分体现了中国共产党人的远见卓识："过去为了结束帝国主义、封建主义和官僚资本主义的统治，为了人民民主革命的胜利，我们就实行了调动一切积极因素的方针。现在为了进行社会主义革命，建设社会主义国家，同样也实行这个方针。"[①] 而要调动一切积极因素进行社会主义建设，就必须处理好社会主义建设中的"十大关系"，只有处理好这些"关系"和"矛盾"，才能团结一切可以团结的力量实现社会主义建设的目标。

事实充分证明，调动一切积极因素为社会主义事业服务，是党关于社会主义建设的一条极为重要的基本方针，包含了以毛泽东同志为主要代表的中国共产党人对建设社会主义的经济方针、政治方针以及思想文化方针的思考，是中国共产党人独立探索中国自己的社会主义建设道路的开端，对于最大限度地团结全国各族人民，为建设社会主义现代化国家而奋斗，具有长远的指导意义。同时，以调动一切积极因素为基本方针的"十大关系"表明：中国共产党人已经意识到并且开始竭力摆脱"苏联模式"的消极影响，已经开始根据本国国情积极探寻适合本国国情的建设道路。并且，这种探索的思路和基本方向是符合中国实际的，是理性的抉择和正确的探

① 毛泽东：《论十大关系》，《毛泽东文集》第 7 卷，人民出版社 1999 年版，第 23 页。

索。习近平总书记指出，历史还告诉我们，历史和人民选择中国共产党领导中华民族伟大复兴的事业是正确的，必须长期坚持、永不动摇；中国共产党领导中国人民开辟的中国特色社会主义道路是正确的，必须长期坚持、永不动摇；中国共产党和中国人民扎根中国大地、吸纳人类文明优秀成果、独立自主实现国家发展的战略是正确的，必须长期坚持、永不动摇。

三、党的八大：确立社会主义建设方式

马克思主义认为，事物是由多种矛盾构成的，在构成事物复杂的矛盾体系中，存在着主要矛盾和非主要矛盾。主要矛盾在矛盾体系中处于支配地位、对事物发展起决定作用。在人类社会发展过程中，主要矛盾就是一个国家在特定时期、特定阶段面临的主要问题、要解决的主要任务。实践表明，什么时候我们能正确分析和判断社会主要矛盾，并选择科学的解决方式和正确的解决方法，我们就能较快地推动社会发展；相反，如果不能集中力量解决社会主要矛盾而偏离了方向，国家和社会发展就会遭受挫折和失败。在社会主义改造基本完成、社会主义社会制度建立后，中国社会主义主要矛盾是什么？面临的主要任务是什么？党的八大清醒地分析和回答了这个问题，确立了社会主义的正确建设方式。

（一）准确把握和分析了社会主要矛盾

一个国家一定时期的社会主要矛盾表明该时期的主要问题和根本任务，社会主要矛盾的解决决定非主要矛盾的存在和变化。党的八大正确分析了国

内外形势和国内主要矛盾的变化，提出了党在社会主义建设时期的根本任务。大会认为，社会主义改造的任务基本完成后，我们党的中心任务应该转到经济建设上来，要集中精力发展生产力。同时，社会主义生产关系还不完善，应该根据生产力的发展状况和发展要求，从中国实际出发，稳定、调整、巩固生产关系。党的八大政治报告认为，社会主义改造完成后，我国无产阶级和资产阶级的矛盾已经解决，剥削制度已经基本结束，社会主义制度已经基本建立。《中国共产党第八次全国代表大会关于政治报告的决议》指出："我们国内的主要矛盾，已经是人民对于建立先进的工业国的要求同落后的农业国的现实之间的矛盾，已经是人民对于经济文化迅速发展的需要同当前经济文化不能满足人民需要的状况之间的矛盾。这一矛盾的实质，在我国社会主义制度已经建立的情况下，也就是先进的社会主义制度同落后的社会生产力之间的矛盾。党和全国人民的当前的主要任务，就是要集中力量来解决这个矛盾，把我国尽快地从落后的农业国变为先进的工业国。"

党的八大准确把握了中国国情，在社会主义改造完成后，把主要任务确定为在新的生产关系下保护和发展生产力。可以说，理性地选择以经济建设为中心，是党的八大对社会主义建设的重要政治和理论贡献。

（二）勾画出社会主义建设的战略目标

在分析社会主要矛盾的基础上，根据社会主义建设的主要任务，党的八大进一步勾画了社会主义建设的战略目标，正如党的八大通过的《中国共产党章程》所指出的："尽可能迅速地实现国家工业化，有系统、有步骤地进行国民经济的技术改造，使中国具有强大的现代化的工业、现代化的农业、现代化的交通运输业和现代化的国防。"党的八大进一步将这个目标具体化，以使其更明确、更鼓舞人心、更具有操作性——我们分两步实现这个目标：第一步，用三个五年计划的时间初步实现工业化；第二步，再用几十年的时间接近或赶上世界最发达资本主义国家。毛泽东认为党的八大的目标既具有现实性、紧迫性，又符合人民的愿望。

1956 年 1 月 20 日，毛泽东在中共中央关于知识分子问题会议上的讲话中尖锐地提出了领导方法问题："有两种领导方法，一种是使我们的事业进行得比较慢一些，比较差一些；另一种是使我们的事业进行得比较快一些，好一些。"[①] 他要求政府和党的各工作部门都"应该是使事业促进"，否则"就丧失了它这个职能"。毛泽东指出，中国人口多，地方大，现在又有了社会主义新制度，应该搞成世界上第一个文化、科学、技术、工业各方面更好的一个国家。

（三）在经济、政治、文化建设方面作出重要的科学决策

经济建设要综合平衡、稳步发展。党的八大报告表明，我们党对当时的经济建设有清醒的认识和理性判断，既反对过于保守又反对急躁冒进，而强调要根据需要和可能，合理地规定国民经济发展速度。《中国共产党第八次全国代表大会关于政治报告的决议》指出："由于我国生产力获得了解放，由于我国有丰富的人力和物力的资源，有最广阔的国内市场，有以伟大的苏联为首的社会主义各国的支援，只要我们能够正确地处理上述各方面的问题，发扬全国人民的积极性，就有可能高速度地发展我国的生产力。如果对于这种可能性估计不足，或者不努力把这种可能性变为现实性，那

① 中共中央文献研究室：《毛泽东年谱（1949—1976）》第 2 卷，中央文献出版社 2013 年版，第 513 页。

就是保守主义的错误。但是，我们也必须估计到当前的经济上、财政上和技术力量上的客观限制，估计到保持后备力量的必要，而不应当脱离经济发展的正确比例。如果不估计到这些情况而规定一种过高的速度，结果就会反而妨碍经济的发展和计划的完成，那就是冒险主义的错误。党的任务，就是要随时注意防止和纠正右倾保守的或‘左’倾冒险的倾向，积极地而又稳妥可靠地推进国民经济的发展。”

党的八大强调，政治建设要扩大民主，建立健全社会主义法制。社会主义制度建立后，是加强集中领导还是实行西方资本主义虚假的民主？这是社会主义政治建设面对的突出问题。党的八大坚定人民民主专政国家的政权性质，坚持社会主义发展方向，建立社会主义法律制度，在政治生活中赋予人民真正的民主权利。大会要求，要加强国家机关建设，精简机构，明确各部门职责，改善机关工作作风；要给人民真正的民主权利，增强各级人民代表大会对政府工作的检查、批评和讨论的权力，鼓励和支持人民群众对国家机关工作人员的监督和批评。

思想文化、意识形态的改造比制度改造、生产方式改造还要艰难，任务还要艰巨。社会主义改造完成后，如何改造封建主义、资本主义思想文化？以怎样的原则建设社会主义思想文化？这是摆在我们面前艰巨的任务。党的八大确定了“百花齐放、百家争鸣”为繁荣科学和文化艺术工作的指导方针。《中国共产党第八次全国代表大会关于政治报告的决议》指出：“用行政的方法对于科学和艺术实行强制和专断，是错误的。对于封建主义和资本主义的思想，必须继续进行批判。但是，对于中国过去的和外国的一切有益的文化知识，必须加以继承和吸收，并且必须利用现代的科学文化来整理我国优秀的文化遗产，努力创造社会主义的民族的新文化。”党的八大充分肯定了文化教育事业在整个社会主义建设中的重要地位，要求大力发展文化教育和卫生事业，加强专门人才的培养和科学研究的发展，争取许多重要的科学和技术部门尽快接近世界先进水平。

（四）明确党自身建设的根本任务

社会主义制度建立后，党面临的形势、党的状况和地位都发生了明显的变化，党在全国的执政地位进一步巩固，党员人数大大增多，党组织分布到了全国各地。这种状况的变化使党面临新的考验，需要党对自身建设进行新的抉择。

加强党自身建设的关键是提高对马克思列宁主义的认识水平和应用能力。党的八大提出，党的建设的基本任务就是提高全党的马克思列宁主义水平，坚持理论联系实际、实事求是的原则，把马克思列宁主义的普遍真理同中国革命的具体实践密切结合，反对主观主义、官僚主义和宗派主义。会议强调，马克思列宁主义的觉悟表现为坚持用马克思列宁主义的立场、观点和方法总结经验，坚持真理，修正错误。没有先进理论武装的党，不可能是先进的党；没有先进理论武装的共产党员，不可能发挥先锋战士的模范作用。

党的八大认为，保持党的先进性必须坚决贯彻执行群众路线，这是党必须完成的历史任务。党清醒地认识到，在革命时期、战争年代，我们比较容易和人民群众保持密切联系、共同发展，正确地执行群众路线。党在革命取得成功、成为执政党后，就面临着脱离群众的危险。有的党员干部就容易滋生骄傲情绪，形成贪图享受、盛气凌人的生活作风和浮夸自傲、独断专行的工作作风，这就背离了党的宗旨和原则。毛泽东认为，党和国家的任何一个领导人，当他不是把个人放在党和群众之中，而是相反地把个人放在党和群众之上的时候，当他脱离了群众的时候，他对于国家的事务就会失去全面的洞察力。

制度建设是加强执政党建设的根本内容，为了进一步加强和改善党的领导，党的八大很注重党和国家的制度建设。大会赋予党员在工作中充分发挥创造性的权利，表达自己意见的权利；下级组织请求上级机关改变不符合本地区、本部门实际情况的决议的权利。针对党内存在的本本主义，毛泽东认为，解决制度问题比解决思想问题更重要，更带有根本性质。他指出，人是生活在制度之中，同样是那些人，实行这种制度，人们就不积极，实行另外一种制度，人们就积极起来了。解决生产关系问题，要解决生产的诸种关系问题，也就是各种制度问题，不单是要解决一个所有制问题。农业生产合作社实行包工包酬制度，据说二流子也积极起来了，也没有思想问题了。人是服制度不服人的。

党的八大是我们党的历史上一次非常重要的大会，是持续开启社会主义建设的大会。大会对国内外形势的分析和判断，对社会主义建设的指导思想、实践原则、历史任务和奋斗目标等的勾画和选择，体现了我们党科学的认识态度和理性的选择能力，对我国社会主义建设具有重要的影响。

“三条驴腿”的穷棒子社

1952 年，在新中国成立前就参加革命的村干部王国藩把西铺村里最穷的 23 户农民联合起来，办起了一个初级社。办社之初，他们穷得只有靠农闲的时候上山砍柴，换来一些简单的农具。社里唯一的一头驴，还有1/4的使用权属于没有入社的村民，“三条驴腿”的穷棒子社因此得名。但是正是靠着这三条驴腿，他们从砍柴换农具做起，在第二年就发展到了83户。粮食亩产从120多斤增长到了300多斤，王国藩合作社的名气越来越大。

毛泽东被这样的创业之举深深感动了。他说：“遵化县的合作化运动中，有一个王国藩合作社，23户贫农只有3条驴腿，被人称为‘穷棒子社’。他们用自己的努力，在3年时间内，从山上取来了大批的生产资料，使得有些参观的人感动得流下泪。我看这就是我们整个国家的形象。难道6万万穷棒子不能在几十年内，由于自己的努力，变成一个社会主义的又富又强的国家吗？”1957年2月，王国藩出席了全国农业劳动模范代表大会，被中央人民政府授予“全国首届农业劳动模范代表会议”金质奖章。大会闭幕式上，毛泽东满面笑容地指着奖旗上的字亲切地说：“你是劳模，是建设共和国的功臣！这是表彰你们在全国起了率先作用。”正是在这些典型的带动下，中国农村掀起了社会主义高潮。

延伸阅读

1. 毛泽东：《关于正确处理人民内部矛盾的问题》，《毛泽东文集》第7卷，人民出版社1999年版。

2. 习近平：《在纪念毛泽东同志诞辰120周年座谈会上的讲话》，《人民日报》2013年12月27日。

3. 中共中央党史研究室：《中国共产党历史》第2卷（上），中共党史出版社 2011 年版。

1. 为什么说《论十大关系》是党在社会主义建设道路的初步探索中取得的一项重大理论成果?

2. 中国共产党在历史抉择的重要节点发挥着怎样的作用?在新时代怎样更好地坚持中国共产党的领导?

3. 党的八大对中国特色社会主义道路的探索作出了哪些历史贡献?

◀ 第二章

思想解放：吹响改革开放的号角

任何国家和民族要想走在时代前列，就一刻也不能离开理论思维。理论是行动的先导，是发展道路选择的内核和灵魂，什么样的理论基础决定着什么样的发展道路及其前途。任何时代的变革，都缺少不了不同思想认识之间的交锋，这些思想交锋的结果同样影响着社会变革的进程。真理标准问题大讨论就是撬动中国发展道路上思想阻碍的杠杆。这场大讨论，始于文字，却不止于文字，它为党的十一届三中全会的召开凝聚了力量，为中国的改革开放奏响了序曲，为全党全国人民的思想解放打开了大门。

一、当代中国思想解放的伟大起点

“文化大革命”给党和人民带来了巨大的灾难，这场灾难如果不克服，国家和民族也难以向前发展。“文化大革命”的结束，为中国的社会秩序得以恢复正常，党和国家的工作得以重新走上健康发展的轨道，为中华人民共和国历史进入一个新的发展时期创造了条件。为了摆脱“文化大革命”造成的困境，党和国家在这一时期里开展了政治、经济、文化等一系列的工作的整顿。总的来看，教育、科技、文化、经济、政治的拨乱反正，虽然有所突破和进步，但由于某些传统观念和“左”的思潮的限制，进展却十分艰难。其中的根本原因就是总的指导思想还没有发生根本转变，各项工作只能在徘徊中前进。

（一）“两个凡是”掀起新的波澜

告别过去，不是一件轻而易举的事情。1976 年 10 月，我国偏离正常发展轨道 10 年的“文化大革命”基本结束了，但它的结束并没有立即带来一个新的开始。当时的中国社会依然面对着严峻的政治局势：个人崇拜、个人迷信依旧盛行，大量的冤假错案还没有平反。党内仍有人继续坚持“左”的方针，阻挠对过去的“左”的错误所进行的拨乱反正。在这样的形势下，“两个凡是”的提出更是加剧了思想层面上的严峻情况。

1977 年 2 月 7 日，中央“两报一刊”发表了一篇《学好文件抓住纲》的社论。社论提出：“凡是毛主席作出的决策，我们都坚决维护，凡是毛主席的指示，我们都始终不渝地遵循。”作为政治宣言，“两个凡是”是对毛泽东的绝对肯定，将毛泽东的话作为判断一切是非的根本标准。可真理是客观事物及其规律在人的头脑中的正确反映，本身就具有客观性、条件性和具体性的特点。任何真理都有一定的适用条件和适用范围，都是相对于特定的过程而言，都是主观与客观、理论与实践的具体的历史的统一。真理本身尚且不是永恒的，一个人是不可能通过神化就成为检验真理的合理的正确的信条标准。按照“两个凡是”的主张，就只能有限地纠正一些错误，要开辟出一条正确的新路，就要与“两个凡是”进行斗争。

“两个凡是”一提出，就引起了邓小平等人的注意。1977 年 4 月，邓小平写信给党中央，在信中针对“两个凡是”从理论的高度指出：“我们必须世世代代地用准确的完整的毛泽东思想来指导我们全党、全军和全国人民。”[①]1977年5月，邓小平在与党内领导干部的谈话中进一步指出：“两个凡是”不符合马克思主义。1977年7月，邓小平在党的十届三中全会上重申了要完整准确地理解毛泽东思想这个辩证唯物主义的科学原则。他的观点得到了一批老一辈革命家的支持和响应，他们纷纷发表讲话或撰写文章强调坚持“实事求是”原则的重要性和必要性。之后，开始出现了一些在理论上和政策上阐述拨乱反正重要性的好文章，“实事求是”的原则在更广大范围内被人民所熟知和接受。强调和恢复“实事求是”原则，对拨乱反正起了很大作用，促进了思想界、理论界的思想解放。

（二）一篇文章引发了一场大讨论

“实践是检验真理的唯一标准”这句话早已为大家所熟知，并且成为当下中国人民观察事物、判断是非的基本标准。这句话的盛行还要追溯到1978年的一场全国范围的大讨论。这场讨论并非一次简单的学术上的交锋，也并不仅仅针对一人一事，而是为了解决中国社会问题而进行的一次大规模思想革命。它为彻底结束“以阶级斗争为纲”，重新确立马克思主义的思想路线、政治路线、组织路线奠定了思想基础。这场关于真理标准问题大讨论不仅吹响了中国社会思想解放的号角，也为之后40年的改革开放的伟大实践鸣响了前奏曲。在中国，真理标准问题大讨论引发的思想解放，是中国近现代历史上伟大的思想解放，也是世界近现代历史上伟大的思想解放。

1978年的关于真理标准问题大讨论，以中央党校研究中共党史问题为

① 邓小平：《“两个凡是”不符合马克思主义》，《邓小平文选》第2卷，人民出版社1994年版，第39页。

开端，进而发展为全国范围的大讨论，它实质上是一场呼唤我国社会主义新时期伟大变革的思想解放运动，是20世纪中国第三次历史性的巨变的先导，为党和国家实现伟大的历史转折，作了思想和理论准备。

1977年9月，南京大学老师胡福明深感“两个凡是”并不能解决中国的道路问题，将自己一份批判性的稿件投到了《光明日报》，这篇文章就是后来的《实践是检验真理的唯一标准》。这篇文章阐述了马克思主义的思想路线，并指出检验真理的标准只能是社会实践，理论与实践的统一是马克思主义的一个最基本的原则，任何理论都要不断接受实践的检验，并阐明了革命导师是坚持用实践检验真理的榜样。这是从根本理论上对“两个凡是”的否定。这篇文章在全党引起了强烈反响，同时也遭到一些人的非议和谴责，从而引发了一场关于真理标准问题的全国性大讨论。

这篇文章的发表并非负责一蹴而就的，是经过多人参与修改，最后由时任中央党校副校长的胡耀邦审定发表。1978年，《光明日报》哲学组负责人王强华将在北京参加全国哲学讨论会的胡福明请到光明日报社，与报社的几位编辑共同改稿。后来又交由中央党校负责《理论动态》的领导和编辑再改一次，进一步提升了文章的质量。1978年5月10日，中央党校内部刊物《理论动态》第60期首先发表了经胡耀邦审定的《实践是检验真理的唯一标准》一文。11日，《光明日报》署名本报特约评论员，转载了《理论动态》上刊发的题为《实践是检验真理的唯一标准》的文章。当日，新华社也作了转发。12日，《人民日报》和《解放军报》同时转载。13日，15家省级党报转载；至1978年5月底，全国有30多家报纸相继转载，轰轰烈烈的真理标准问题大讨论就此在全国范围内展开，这篇文章的影响力不亚于在死气沉沉的思想界投放了一颗原子弹，但反对的声音也很快接踵而至。

新闻媒体界的反对声音就很强烈。在文章发表后的第二天，《人民日报》一位负责人就打电话对文章的发表表示不满，说“这篇文章犯了方向性的错误。理论上是错误的，政治上问题更大，很坏很坏……作者的意思就是要提倡我们去怀疑毛主席的指示，去修改毛泽东思想，认为毛主席的指示有不正确的地方，认为不能把毛主席指示当僵死的教条，不能当圣经去崇拜。很明显，作者的意图就是要砍旗”[①]。这个电话的内容很快被传了出去，引发了更大范围的批评与讨论。

这场讨论与反对的声音交锋之激烈之迅速，超出了许多人的想象，如果没有以邓小平同志为主要代表的中国共产党人的大力支持，可能就使针对“两个凡是”的关于真理标准问题的大讨论中途夭折，这场影响中国命运的思想大讨论也许会有一种截然不同的结局。而这一切也正从另外一个侧面反映了真理标准问题大讨论戳中了时代的痛点，也正是因为这些反对声音的存在，真理标准问题引起了越来越多人的重视。

改革开放的序曲——北方谈话

1977 年 12 月，在邓小平、叶剑英、李先念等人的建议下，中共中央决定胡耀邦任中央组织部部长兼中央党校副校长。《实践是检验真理的唯一标准》这篇历史性的文章，就是在 1978 年 5 月 6 日，经

① 沈宝祥：《真理标准问题讨论始末》，中共中央党校出版社 2015 年版，第 87 页。

胡耀邦审阅、修改后，在他家中定稿的。最先对文章作出反应的是当时的几个中央高层和宣传部门、组织部门的负责人，他们批评文章的思想倾向是错误的，动摇了“两个凡是”的根基，是“砍旗”。

1978 年 7 月 21 日，邓小平与时任中宣部部长谈话，提出严肃批评，明确要求“不要再下禁令、设禁区了，不要再把刚刚开始的生动活泼的政治局面向后拉了”。第二天，他又把胡耀邦叫到家中，肯定他的做法：《实践是检验真理的唯一标准》这篇文章是马克思主义的，争论不可避免，争得好。

两个月后，邓小平视察东北三省和唐山、天津等地。在听取辽宁省委常委汇报时说：“我们的思想开始活跃，现在只能说是开始，还心有余悸。要开动脑筋，不开动脑筋，就没有实事求是。不开动脑筋，就不能分析自己的情况，就不能从实际出发提出问题，解决问题。”在听取吉林省委常委汇报时，邓小平又说：“贫穷不是社会主义，不能再搞‘以阶级斗争为纲’，党和国家的工作重点要转移到经济建设上来。”邓小平的这次“北方谈话”迅速传开，工作重点转移问题被提出来了，为党的十一届三中全会的召开打下了思想基础。

（三）真理标准问题大讨论引发的思想解放

“理论在一个国家实现的程度，总是取决于理论满足这个国家的需要的程度。”[①]1978 年，关于真理标准问题大讨论，再一次以实践验证了马克思的

① 马克思：《〈黑格尔法哲学批判〉导言》，《马克思恩格斯选集》第 1 卷，人民出版社 2012 年版，第 11 页。

思想理论的正确性。在党中央主要领导人中，邓小平、叶剑英、李先念等是最早明确表明支持真理标准问题大讨论的。邓小平以敏锐的政治洞察力，不断创造条件，领导了这场全党、全国范围的大讨论。

1978 年 5 月 19 日，邓小平在认真阅读文章之后给予了明确充分的肯定，表示："文章符合马克思列宁主义嘛，扳不倒嘛！" 6 月 2 日，邓小平在全军政治工作会议上发表重要讲话，严厉批评了个人崇拜、教条主义和唯心论，这次的讲话就针对"两个凡是"的观念，重申了"实事求是"的思想路线。"我们说的做的究竟能不能解决问题，问题解决得是不是正确，关键在于我们是否能够理论联系实际，是否善于总结经验，针对客观现实，采取实事求是的态度，一切从实际出发。"[①]"实事求是，是毛泽东思想的出发点、根本点。这是唯物主义。"[②]这次讲话是对真理标准问题大讨论的一个强有力的支持与推动，也为讨论的发展指明了方向，提出了要求，扫除了许多人心中的迷雾，越来越多人敢于大胆站出来明确地支持实事求是。

在 1978 年 12 月 13 日中共中央工作会议闭幕会上，邓小平强调："关于真理标准问题的争论，的确是个思想路线问题，是个政治问题，是个关系到党和国家的前途和命运的问题。"[③]关于真理标准问题的讨论，是继五四运动、延安整风运动之后的又一次思想解放运动。在真理标准问题的讨论上早已不是学理之争，而是两种截然不同的思想路线和发展道路的选择：它打破了过去盛行的个人迷信和教条主义的精神枷锁，逐渐端正了马克思

① 邓小平：《在全军政治工作会议上的讲话》，《邓小平文选》第 2 卷，人民出版社 1994 年版，第 113—114 页。

② 邓小平：《在全军政治工作会议上的讲话》，《邓小平文选》第 2 卷，人民出版社 1994 年版，第 114 页。

③ 邓小平：《解放思想，实事求是，团结一致向前看》，《邓小平文选》第 2 卷，人民出版社 1994 年版，第 143 页。

主义的解放思想、实事求是的思想路线，为大规模进行拨乱反正奠定了思想理论基础，为党的十一届三中全会的召开准备了思想理论条件。

二、思想解放是社会变革的先导

一个伟大事件对社会发展的影响，往往随着岁月的推移、历史的前进而不断显现出来。1978 年 12 月 18 日至 22 日，具有重大历史意义的党的十一届三中全会的胜利召开，实现了新中国成立以来的伟大历史转折，开启了改革开放历史新时期，这是我们党和国家历史上一座划时代的里程碑。

（一）伟大转折：十一届三中全会的新气象

党的十一届三中全会做出了把党和国家的工作中心转移到经济建设上来、实行改革开放的历史性抉择，由封闭半封闭转向对外开放，实现了新中国成立以来中国共产党历史上的一次伟大思想转折，标志着中国进入社会主义事业发展的新时期。

1978 年 11 月 10 日，中央工作会议在北京开幕。这是十一届三中全会的一个准备会议，会议的原定议程是讨论农业和经济的问题。在会议讨论中，陈云提出要系统地解决历史遗留问题的意见，要求平反冤假错案，纠正“文化大革命”时期遗留的错误，引起强烈反响。由此，会议的方向转向了解决思想路线、政治路线上。

1978 年 12 月 13 日，在中共中央工作会议闭幕会上，邓小平发表了题为《解放思想，实事求是，团结一致向前看》的讲话。这篇讲话，也成了十一届三中全会的主题报告。“只有思想解放了，我们才能正确地以马列主义、毛泽东思想为指导，解决过去遗留的问题，解决新出现的一系列问题。”[①]“一个党，一个国家，一个民族，如果一切从本本出发，思想僵化，迷信盛行，那它就不能前进，它的生机就停止了，就要亡党亡国。”[②]

1978 年 12 月 18 日，党的十一届三中全会在北京召开，由于中央工作会议对许多问题已作了充分的酝酿和准备，这次会议只召开了 5 天时间，就顺利地完成了各项议程。这次会议实现了我国发展历史进程中的一次伟大的转折，主要体现在：开始全面认真纠正“文化大革命”中及其以前的“左”倾错误，坚决批判了“两个凡是”的错误观点，高度评价了关于真理标准问题的大讨论，确定了解放思想、开动脑筋、实事求是、团结一致向前看的指导方针，果断停止使用“以阶级斗争为纲”的口号，作出了把党和国家工作重心转移到经济建设上来、实行改革开放的历史性决策。

中国人民思想面貌的历史性变化，最根本的就是在党的十一届三中全会重新确立的解放思想、实事求是的思想路线指引下，冲破了长期禁锢人们思想的许多旧观念，摆脱了许多思想上的枷锁和禁锢，振奋起伟大的革新创造精神、开拓进取精神、实干兴邦精神，激发出空前的积极性、主动性、创造性，从而创造出举世瞩目的发展成就。

（二）凝聚共识：理论工作务虚会的召开

党的十一届三中全会之后召开了理论工作务虚会，这是真理标准问题

① 邓小平：《解放思想，实事求是，团结一致向前看》，《邓小平文选》第 2 卷，人民出版社 1994 年版，第 141 页。

② 邓小平：《解放思想，实事求是，团结一致向前看》，《邓小平文选》第 2 卷，人民出版社 1994 年版，第 143 页。

大讨论的继续和深入发展，是真理标准问题大讨论的第二阶段，像这样的以真理标准为引言和主题的大规模的理论工作会议，在党的历史上是一个创举。会上提出和讨论的若干重大理论问题，对后来的思想理论界乃至党中央作出决策都产生了重大影响。

1979 年 1 月 9 日，中央宣传部部务会议正式确立了理论工作务虚会的议程。会议议程共分为两个阶段：第一阶段由中宣部和中国社会科学院联合召开；第二阶段以中共中央名义召开，中央理论宣传单位以原小组继续讨论，地方则以省市为单位进行讨论。会议主要讨论五大问题：第一是要分清思想路线是非问题；第二是对“文化大革命”进行评价；第三是对极左路线进行批判；第四是对毛泽东和毛泽东思想进行讨论；第五是对领袖和人民的关系进行反思。会议提出的问题都与当时的现实环境和现实问题有密切关系，在大会中参与讨论的专家学者、领导干部的发言和议论，对于问题的探讨也极具启迪性，对于推动思想理论界的拨乱反正起了助推作用，对于改进党的领导也很有参考价值。1979 年 3 月 30 日，邓小平在题为《坚持四项基本原则》讲话的开头，就对这次理论务虚会作出了中肯的评价：“这次会议是根据党的十一届三中全会的决定举行的……在三中全会以后召开的这次理论工作务虚会上，大家敞开思想，各抒己见，提出了不少值得注意、需要研究的问题，总的说来开得是有成绩的。”①

“从总的方面看，理论工作务虚会是朝着十一届三中全会指出的方向，紧握实践标准的武器，在思想理论领域披荆斩棘、开拓前进的会议。理论工作务虚会贯彻了解放思想、实事求是的精神，对全面拨乱反正起了重要

① 邓小平：《坚持四项基本原则》，《邓小平文选》第 2 卷，人民出版社 1994 年版，第 158—159 页。

的推动作用。理论工作务虚会有力地证明，我们的理论工作者是忠于党、忠于人民的，有很高的马克思主义水平，是完全可以信赖、可以委以重任的。”[①] 实践是检验真理的唯一标准，40 年的实践告诉我们：理论工作务虚会的召开对于进一步打破禁区，实现思想解放具有重要意义。

三、思想解放焕发国家新生机

真理标准问题大讨论成为思想解放的先导、伟大转折的先导、改革开放的先导，在党和国家的历史进程中具有重大意义。真理标准问题大讨论重新确立了“解放思想、实事求是”的思想路线，为改革开放和社会主义现代化建设新时期的到来开启了思想先河，为党的十一届三中全会的召开提供了思想理论准备。

（一）“实事求是”思想路线的重新确立

真理标准问题大讨论，帮助中国在一片迷雾之中找到真正的前进之路。“实事求是”，是我们党付出艰辛探索才确定的一条思想路线。回望历史，中国共产党之所以能够领导中国人民取得新民主主义革命的胜利和社会主义建设、改革的巨大成就，从思想路线的角度来看，最根本的原因就在于中国共产党形成和坚持了“实事求是”的世界观和方法论。

“实事”即客观存在的事物，“求”即探求，“是”即客观事物的内在联

① 沈宝祥：《真理标准问题讨论始末》，中共中央党校出版社 2015 年版，第 269 页。

系，“实事求是”即一切从实际出发，探求周围客观事物的内在联系。马克思、恩格斯虽然没有直接使用“实事求是”的词语，但是马克思和恩格斯创立的辩证唯物主义和历史唯物主义所强调的正是“实事求是”的精神，实践性也是马克思主义哲学的基本特征。1845 年，马克思在《关于费尔巴哈的提纲》中明确指出：“人的思维是否具有客观的真理性，这不是一个理论的问题，而是一个实践的问题。人应该在实践中证明自己思维的真理性，即自己思维的现实性和力量，自己思维的此岸性。关于思维——离开实践的思维——的现实性或非现实性的争论，是一个纯粹经院哲学的问题。”[①] 这一根本观点揭示了实践在人类生活中的根本地位。

“实事求是”的思想路线是中国共产党人的事业之基，是中国共产党人领导中国人民进行革命、建设和改革的思想武器。我们党之所以能攻克一个又一个看似不可攻克的难关，取得一个又一个彪炳史册的人间奇迹，就在于我们坚持“实事求是”，不断进行自我革命。真理标准问题大讨论给我们的最大启示是，在任何时候都必须坚持一切从实际出发、理论联系实际、实事求是、在实践中检验真理和发展真理这一马克思主义观察问题、判断是非的基本立场和基本原则。

（二）开启社会主义民主政治新道路

党的十一届三中全会决定在党的生活和国家政治生活中加强民主，提出了使民主制度化、法律化的重要任务；加强党的领导机构，恢复重建党的纪律检查机关。会议增选陈云为中共中央副主席，选举陈云为中央纪律

① 马克思：《关于费尔巴哈的提纲》，《马克思恩格斯选集》第 1 卷，人民出版社 2012 年版，第 134 页。

检查委员会的第一书记。这次会议后实际上形成了以邓小平同志为核心的党的第二代中央领导集体。

1978 年关于真理标准问题大讨论的思想解放运动在政治上产生了重大影响，概括起来有三点：第一，为解决敏感的历史遗留问题扫除了思想障碍。思想解放最直接的作用是冲破了“两个凡是”的思想禁锢，认识到“左”倾错误的严重性，为全面纠正“文化大革命”的错误、为受迫害的党内外人士平反冤假错案扫除了思想障碍。第二，在指导思想上进行拨乱反正，纠正了党的错误的思想路线。第三，在对待毛泽东同志晚年错误的问题上，提出辩证地看待毛泽东的功过是非，对他进行客观的评价，成熟而稳健地处理了政治敏感问题。邓小平指出：“毛泽东思想永远是我们全党、全军、全国各族人民的最宝贵的精神财富。我们要完整地准确地理解和掌握毛泽东思想的科学原理，并在新的历史条件下加以发展。”[①] 思想上的大解放，为解决历史遗留问题扫清了思想障碍，也为政治民主化的发展扫清了障碍。

政治民主化是发展真理的重要保证，“解放思想，开动脑筋，一个十分重要的条件就是要真正实行无产阶级的民主集中制。我们需要集中统一的领导，但是必须有充分的民主，才能做到正确的集中”[②]。党的十一届三中全会对民主和法制问题进行了认真讨论。全会认为，必须有充分的民主，才能做到正确的集中。在人民内部的思想政治生活中，只能实行民主方法，不能采取压制、打击手段。总的来说，强调了民主是解放思想的重要条件，

① 邓小平：《解放思想，实事求是，团结一致向前看》，《邓小平文选》第 2 卷，人民出版社 1994 年版，第 149 页。

② 邓小平：《解放思想，实事求是，团结一致向前看》，《邓小平文选》第 2 卷，人民出版社 1994 年版，第 144 页。

以及保障人民民主要健全法制。

（三）解放思想永无止境

习近平总书记指出："40 年来，我们解放思想、实事求是，大胆地试、勇敢地改，干出了一片新天地……改革开放成为当代中国最显著的特征、最壮丽的气象。"[①] 真理标准问题的探讨为改革开放拉开了序幕，而改革开放 40 年来，思想上的解放一直都没有松懈，而是持续进行着。为什么真理标准问题的讨论能引起中国社会这么大的震动？为什么解放思想在不同时期都是中国社会至关重要的问题？这些问题的背后都关乎着社会意识形态的建设。

知识链接

解放思想、实事求是，大胆地试、勇敢地改

40 年来，我们解放思想、实事求是，大胆地试、勇敢地改，干出了一片新天地。从实行家庭联产承包、乡镇企业异军突起、取消农业税牧业税和特产税到农村承包地"三权"分置、打赢脱贫攻坚战、实施乡村振兴战略，从兴办深圳等经济特区、沿海沿边沿江沿线和内陆中心城市对外开放到加入世界贸易组织、共建"一带一路"、设立自由贸易试验区、谋划中国特色自由贸易港、成功举办首届中国国际进口博览会，从"引进来"到"走出去"，从搞好国营大中小企业、发展个体私营经济到深化国资国企改革、发展混合所有制经济，从单

① 习近平：《在庆祝改革开放 40 周年大会上的讲话》，《人民日报》2018 年 12 月 19 日。

一公有制到公有制为主体、多种所有制经济共同发展和坚持“两个毫不动摇”，从传统的计划经济体制到前无古人的社会主义市场经济体制再到使市场在资源配置中起决定性作用和更好发挥政府作用，从以经济体制改革为主到全面深化经济、政治、文化、社会、生态文明体制和党的建设制度改革，党和国家机构改革、行政管理体制改革、依法治国体制改革、司法体制改革、外事体制改革、社会治理体制改革、生态环境督察体制改革、国家安全体制改革、国防和军队改革、党的领导和党的建设制度改革、纪检监察制度改革等一系列重大改革扎实推进，各项便民、惠民、利民举措持续实施，使改革开放成为当代中国最显著的特征、最壮丽的气象。

（来源：《人民日报》2018 年 12 月 19 日）

社会意识形态是指社会意识在社会现实生活中的表现和表述形式，它属于上层建筑范畴，是对社会存在的反映，是与一定社会的经济和政治直接相联系的观念、观点、概念的总和。马克思主义唯物辩证法认为，经济基础对上层建筑具有决定作用，但同时，上层建筑对经济基础具有反作用，“人们在自己生活的社会生产中发生一定的、必然的、不以他们的意志为转移的关系，即同他们的物质生产力的一定发展阶段相适合的生产关系。这些生产关系的总和构成社会的经济结构，即有法律的和政治的上层建筑竖立其上并有一定的社会意识形式与之相适应的现实基础”[①]。作为上层建筑范

① 马克思：《〈政治经济学批判〉序言》，《马克思恩格斯选集》第 2 卷，人民出版社 2012 年版，第 2 页。

畴中的意识形态，它既表达了占统治地位阶级的价值观念体系，又通过政党的社会教化使现实社会生活中的每个人都有这种价值观念并受其支配。社会意识形态既可以保护自己的经济基础而排斥异己力量，也可以通过对社会生活的控制来为经济基础服务，所以当所维护的经济基础适应生产力状况，社会意识形态能够推动社会发展；反过来当所维护的经济基础不适应生产力状况，社会意识形态就会阻碍社会发展。如果革命适应经济基础的社会意识形态的建设，那么就仿佛树立起一面鲜明的旗帜，这面旗帜影响着社会成员的世界观、人生观、价值观，成为社会成员价值评判的标准和行为导向，促使社会成员根据意识形态的导向思考和解决问题。如果这面旗帜指引的方向正确，社会成员就能在旗帜的激励下共同协作，推动社会发展。所以，社会意识形态建设是改革中的观念革命，能否做好意识形态工作，事关党的前途命运，事关国家长治久安，事关民族凝聚力和向心力。意识形态工作关乎旗帜、关乎道路、关乎国家政治安全、关乎人心向背。

正如真理标准问题大讨论为改革开放所作的铺垫一样，社会意识形态建设能够明确社会发展的目标和方向，从而保证改革和革命始终沿着正确的道路行进。改革和革命都是全体人民群众共同参与的事业，社会意识形态只有赢得了最广大人民群众的支持，才能获得持续不断的动力，使人们树立起共同的远大理想，认识到改革和革命的成果是与人民自身的利益息息相关的。改革开放所取得的一系列成就，使中国的人民群众不断加深对社会主义制度、社会主义道路、社会主义理论、社会主义文化的自信，巩固了人民群众对社会主义意识形态的信任；同时，改革开放过程中遇到的一系列困难和危机，也要通过社会主义意识形态确立起来的权威进行说明、矫正，找到合理正确的解决方案，引导改革始终在正确轨道上前行，不脱离社会主义的总方向。

“我们党作出实行改革开放的历史性决策，是基于对党和国家前途命运的深刻把握，是基于对社会主义革命和建设实践的深刻总结，是基于对时代潮流的深刻洞察，是基于对人民群众期盼和需要的深刻体悟。”[①] 改革开放40年，中国特色社会主义事业经受住了种种困难和考验，巩固了社会主义意识形态的地位，但面对复杂的国内外形势，我们在新的历史时期依然不能放松对意识形态层面的建设与巩固，坚定走中国特色社会主义道路。

延伸阅读

1. 习近平:《在庆祝改革开放40周年大会上的讲话》,《人民日报》2018年12月19日。

2. 习近平:《坚持运用辩证唯物主义世界观方法论　提高解决我国改革发展基本问题本领》,《人民日报》2015年1月25日。

深度思考

1. 真理标准问题大讨论的历史意义是什么?

2. 如何理解哲学变革与时代变革的关系?

3. “实事求是”与“两个凡是”的根本区别在哪里?

① 习近平:《在庆祝改革开放40周年大会上的讲话》,《人民日报》2018年12月19日。

第三章

初级阶段：立足国情走自己的路

泱泱大中华，在五千多年的历史进程中，曾经创造了灿烂辉煌的中华文明，让世界惊羡不已。进入20世纪，时代变迁，风雨沧桑，以毛泽东同志为主要代表的中国共产党人，经过长期浴血奋斗，使中国人民站起来了。但由于受“苏联模式”的影响，在新中国成立后的一段时期内，我们对社会主义所处的历史方位没有清晰的认识。党的十一届三中全会以后，邓小平在总结历史经验教训的过程中，对社会主义和我国国情进行了认真思考，作出了我国现在处于并将长期处于社会主义初级阶段的正确判断，分析了社会主义初级阶段的主要矛盾和根本任务，形成了社会主义初级阶段理论，使中国人民走上了自己的发展道路。复兴征途路漫漫，如今铿锵再启程。党的十九大作出中国特色社会主义进入新时代的重大政治判断，进一步概括了当代中国发展变革的阶段性特征，科学把握了我国发展新的历史方位，把准了中国特色社会主义航船前行的时代方位和历史坐标。

一、社会主义初级阶段是我国最大的实际

“认清中国的国情，乃是认清一切革命问题的基本的根据。”[①] 我国社会

① 毛泽东：《中国革命和中国共产党》，《毛泽东选集》第2卷，人民出版社1991年版，第633页。

主义制度建立以后，始终有一个如何认清国情、正确判断我国社会所处历史阶段的问题，对社会主义的基本国情应该怎样认识和把握，我们党一直进行着艰辛探索。认清国情，最重要的就是搞清楚现实社会的性质和发展阶段、主要矛盾和发展实际。

（一）从“别人的路”到“自己的路”

苏联从 1917 年十月革命胜利到 1936 年宣布建成社会主义用了 19 年时间，但随着工业化和农业集体化的展开，开始对社会主义的长期性缺乏清醒的估计。斯大林在 1936 年宣布苏联已建成社会主义时，就准备向共产主义前进，并认为这一过程只需要 10~15 年时间。第二次世界大战结束后不久，苏联再次提出向共产主义过渡。1952 年，苏共十九大通过的《苏联共产党章程》指出，党的主要任务是：从社会主义逐渐过渡到共产主义，最后建成共产主义社会。赫鲁晓夫对苏联社会主义发展阶段的认识和估计更加超前和冒进，他认为共产主义是“最近的明天”，要用 20 年时间在苏联建立起共产主义的物质技术基础。1959 年，赫鲁晓夫在苏共二十一大上提出 10 年内要在按人口平均计算产品产量方面赶上并超过美国。1961 年，赫鲁晓夫在苏共二十二大上又雄心勃勃地规划“到 1980 年建成共产主义社会”。

新中国成立后，我们在建设社会主义的目标模式和道路选择上基本是模仿苏联。苏联在当时确实给了新中国许多援助，我们亲切地称呼苏联为“老大哥”，并同时被其社会主义建设的速度和成就深深吸引了，于是新中国采取了向苏联学习的现实政策。

学习“苏联模式”、模仿“苏联体制”，在新中国成立初期取得了显著成效，初步奠定了中国工业化的基础，同时也在一定程度上恢复了国民经济秩序。然而，照抄照搬“苏联模式”终究不是长久之计，因为“苏联模式”虽有可借鉴之处，但它并不完全适用于我国。随着社会主义改造的顺利完成，虽然我们在一定程度上积累了一些建设经验，但也出现了许多问题和矛盾。1953 年 3 月，斯大林逝世后，苏联国内和党内出现了许多新情况、新问题，社会主义建设中比例失调等问题凸显出来。随后，赫鲁晓夫进行了一系列的调整和改革，涉及意识形态以及对外关系等领域。在此情况下，毛泽东于 1955 年底敏锐地提出“以苏为鉴”的问题。1956 年苏共二十大的召开，揭露了“苏联模式”的弊端，在国际共产主义社会引起强烈震动，也为我们党探索自己的社会主义建设道路起到了积极的推动作用。以毛泽东同志为主要代表的中国共产党人，走出了一条独特的中国社会主义改造之路。

随着生产资料所有制的社会主义改造的基本完成，我们开始步入社会主义初级阶段。对于一个饱经战争和革命洗礼的贫穷大国而言，如何建设社会主义？如何从国情出发探索出一条适合我国的社会主义建设道路？这些问题成为摆在当时中国共产党人面前的重大难题。毛泽东率先垂范，号召全党和全国人民实现马克思主义与中国实际相结合，走自己的路。在这一过程中，中国共产党人不断总结经验、纠正失误、调查研究，开启了一段曲折艰难的上下求索之路，取得了社会主义建设的一些初步成就，为社会主义现代化建设奠定了初步而又稳固的基础。

（二）重新确立历史方位和历史坐标

正确把握国情、全面地认识我国社会所处的历史方位，确定我国社会发展的历史坐标，这是制定我国现代化建设方式的前提。

有了苏联的前车之鉴，毛泽东对“苏联模式”的弊端进行了深刻的反思，他认为：“他们片面地注重重工业，忽视农业和轻工业，因而市场上的货物不够，货币不稳定。”[①]同时，在对待农民的政策上，“苏联的办法把农民挖得很苦”[②]，为了积累工业建设的资金，客观上打击了农民的生产积极性；在中央和地方的关系上，苏联“把什么都集中到中央，把地方卡得死死的，一点机动权也没有”[③]，这样就失去了经济建设的活力。毛泽东多次强调，我们从苏共二十大得到的最重要收益是要独立思考，从各个方面考虑如何按照中国的情况办事，努力找到中国建设社会主义的具体道路。他指出：“我们的方针是，一切民族、一切国家的长处都要学，政治、经济、科学、技术、文学、艺术的一切真正好的东西都要学。但是，必须有分析有批判地学，不能盲目地学，不能一切照抄，机械搬运。他们的短处、缺点，当然不要学。”[④]

知识链接

橘生淮南则为橘，生于淮北则为枳

设计和发展国家政治制度，必须注重历史和现实、理论和实践、形式和内容有机统一。要坚持从国情出发、从实际出发，既要把握长期形成的历史传承，又要把握走过的发展道路、积累的政治经验、形成的政

① 毛泽东：《论十大关系》，《毛泽东文集》第 7 卷，人民出版社 1999 年版，第 24 页。
② 毛泽东：《论十大关系》，《毛泽东文集》第 7 卷，人民出版社 1999 年版，第 29 页。
③ 毛泽东：《论十大关系》，《毛泽东文集》第 7 卷，人民出版社 1999 年版，第 31 页。
④ 毛泽东：《论十大关系》，《毛泽东文集》第 7 卷，人民出版社 1999 年版，第 41 页。

治原则，还要把握现实要求、着眼解决现实问题，不能割断历史，不能想象突然就搬来一座政治制度上的“飞来峰”。政治制度是用来调节政治关系、建立政治秩序、推动国家发展、维护国家稳定的，不可能脱离特定社会政治条件来抽象评判，不可能千篇一律、归于一尊。在政治制度上，看到别的国家有而我们没有就简单认为有欠缺，要搬过来；或者，看到我们有而别的国家没有就简单认为是多余的，要去除掉。这两种观点都是简单化的、片面的，因而都是不正确的。

“橘生淮南则为橘，生于淮北则为枳”。我们需要借鉴国外政治文明有益成果，但绝不能放弃中国政治制度的根本。中国有 960 多万平方公里土地、56 个民族，我们能照谁的模式办？谁又能指手画脚告诉我们该怎么办？对丰富多彩的世界，我们应该秉持兼容并蓄的态度，虚心学习他人的好东西，在独立自主的立场上把他人的好东西加以消化吸收，化成我们自己的好东西，但决不能囫囵吞枣、决不能邯郸学步。照抄照搬他国的政治制度行不通，会水土不服，会画虎不成反类犬，甚至会把国家前途命运葬送掉。只有扎根本国土壤、汲取充沛养分的制度，才最可靠、也最管用。

世界上不存在完全相同的政治制度，也不存在适用于一切国家的政治制度模式。“物之不齐，物之情也。”各国国情不同，每个国家的政治制度都是独特的，都是由这个国家的人民决定的，都是在这个国家历史传承、文化传统、经济社会发展的基础上长期发展、渐进改进、内生性演化的结果。中国特色社会主义政治制度之所以行得通、有生命力、有效率，就是因为它是从中国的社会土壤中生长起来的。中国特色社会主义政治制度过去和现在一直生长在中国的社会土壤之中，未来要继续茁壮成长，也必须深深扎根于中国的社会土壤。

（来源：《人民日报》2014 年 9 月 6 日）

在新时期，党重新确立了历史方位和历史坐标。党的十一届三中全会以后不久，邓小平就提出，底子薄，人口多，耕地少，这是中国的现实国情。强调中国式的现代化，必须从中国的特点出发。他认为，我国社会主义制度还处在幼年时期，在我国实现现代化，必然要有一个由初级到高级的过程。这是一个实事求是的判断，它颠覆了人们“人口众多，地大物博”的固有观念。1981 年，《关于建国以来党的若干历史问题的决议》第一次提出我们的社会主义制度还处于初级的阶段，我们的社会主义制度由比较不完善到比较完善，必然要经历一个长久的过程。1982 年党的十二大和 1986 年党的十二届六中全会分别对初级阶段的判断作了理论分析。1987 年，党的十三大把我国还处在社会主义初级阶段作为整个报告立论的基础，论述了社会主义初级阶段的基本含义和主要特征，完整地概括和表述了党在整个社会主义初级阶段的基本路线，形成了社会主义初级阶段理论，这是党对社会主义和中国国情认识上的一次飞跃。

（三）“最大的国情”与“最大的实际”

我国生产力低，人民的生活水平不高，这就是我们“最大的国情”与“最大的实际”。改革开放初期，中国最大的问题是农村问题，而农村最大的问题，是大多数农民困在土地上，困在落后的生产方式上。这种严重束缚农村经济以至整个国民经济发展的矛盾情况，是我们的一个“最大的国情”。

认识初级阶段的基本国情，使我们对社会主义的认识从“天上”回到“地上”，从超阶段的空想回到眼前的现实。我国处在社会主义初级阶段，这是中国共产党对中国基本国情的科学判断。我们从实际出发建设社会主义，“最大的实际”就是这一基本国情。

邓小平在总结新中国成立以来历史经验和改革开放以来新的实践经验的基础上，对我国社会主义所处的历史阶段进行了新的探索，逐步作出了我国还处于并将长时期处于社会主义初级阶段的科学论断，准确地把握了我国的基本国情。正是对我们处于社会主义初级阶段的判断，全党全国的工作重心才转到经济建设上来，才实行改革开放的政策。但改革开放的实践并不是一帆风顺的，它在理论上同过去人们对社会主义的理解发生了冲突，有些人怀疑改革开放的路线和政策是否符合马克思主义，另一些人则否定坚持社会主义方向和道路的必要性。为了坚持推进改革开放，坚持改革开放的社会主义方向，必须从理论上深入开展关于社会主义社会发展阶段问题的研究。

党的十三大召开前夕，邓小平强调指出：“我们党的十三大要阐述中国社会主义是处在一个什么阶段，就是处在初级阶段，是初级阶段的社会主义。社会主义本身是共产主义的初级阶段，而我们中国又处在社会主义的初级阶段，就是不发达的阶段。一切都要从这个实际出发，根据这个实际来制订规划。”[①] 这个论述，第一次把社会主义初级阶段作为事关全局的基本国情加以把握，明确了这一问题是制定路线、政策的出发点和根本依据。党的十三大之所以能够把初级阶段问题提到全局高度加以论述，是因

① 邓小平：《一切从社会主义初级阶段的实际出发》，《邓小平文选》第 3 卷，人民出版社 1993 年版，第 252 页。

为我们已经有了在改革开放中进行社会主义现代化建设的经验；是因为要继续推进改革开放和现代化建设，必须破除各种思想障碍，从根本上解决对我国社会主义建设出发点问题的认识困惑。党的十三大对社会主义初级阶段和党的基本路线的系统阐述，是党对社会主义和中国国情认识上的一次飞跃。

二、准确把握社会主义初级阶段的特征

列宁指出，每个历史时期都有它自己的规律。在不同的社会历史时期，需要根据不同的社会发展状况，把马克思主义基本原理与具体实际结合起来，坚持实事求是。每个历史时期都有不同的特征，只有科学把握时代特征，才能化解社会矛盾，推动社会发展。我国正处于社会主义初级阶段，解放和发展生产力是这一阶段的首要任务。

（一）不是“泛指”，而是“特指”

社会主义初级阶段理论是在总结社会主义国家建立以来的历史发展，特别是中国社会主义建设曲折发展的历史经验和教训的基础上逐步形成的。我们党提出“社会主义初级阶段”这个新概念，在马克思主义发展史上是第一次。党的十三大明确指出社会主义初级阶段包括两层含义：第一，我国社会已经是社会主义社会，我们必须坚持而不能离开社会主义。第二，我国的社会主义社会还处在初级阶段，我们必须从这个实际出发，而不能超越这个阶段。前一层含义阐明的是初级阶段的社会性质，后一层含义则

阐明只有把社会主义社会的性质同它的发展程度有机地统一起来，构成一个科学概念，才能够深刻地理解和把握我国的基本国情。

社会主义初级阶段的两层含义既相互区别，又紧密联系，具有特定的理论内涵。这里所说的初级阶段，不是泛指任何国家进入社会主义都会经历的起始阶段，而是特指我国在生产力发展水平不高、商品经济不发达条件下建设社会主义必然要经历的特定历史阶段。社会主义初级阶段是整个建设中国特色社会主义的很长历史过程中的起始阶段，与建设中国特色社会主义历史进程具有内在联系。

社会主义初级阶段是继新民主主义社会后的一个新的历史发展时期。它同新民主主义社会具有某些相似之处，但在社会性质上存在着明显区别。从经济基础方面看，它们之间的根本区别在于：社会主义公有制经济是否成为社会经济的主体，从而整个经济生活是否牢牢建立在社会主义的经济基础之上。在新民主主义社会，公有制经济虽然处于领导地位，但不是社会经济的主体。因此这个时期社会的阶级关系、主要矛盾、根本任务也不同于社会主义初级阶段。社会主义初级阶段虽然发展程度还比较低，但它毕竟属于社会主义制度已经确立起来后的新社会的范畴。而新民主主义社会则属于社会主义社会制度还没有建立的特定历史阶段。

（二）人口多，底子薄

人口多、底子薄、生产力落后，这是社会主义初级阶段的现实国情，更是改革开放启航时的初始约束条件。那时，我们担忧一穷二白，会“被开除出球籍”，追问“奇迹何以发生”，希望“赶上时代”。

邓小平明确指出：“要使中国实现四个现代化，至少有两个重要特点是必须看到的：一个是底子薄。”“第二条是人口多，耕地少。”中国又处在社会主义的初级阶段，就是不发达的阶段。一切都要从这个实际出发，根据这个实际来制订规划。

据国家统计局统计，截至 1978 年，我国的总人口已经超过 9.6 亿人，人口分布不均衡。财政收入总量为 1132.26 亿元，支出为 1122.09 亿元，财政收入增长速度为 29.5%，财政支出增长速度为 33%。国内生产总值为 3678.7 亿元，人均国民生产总值仅为 385 元。我国人口多、底子薄，农村人口占绝大多数，这是实现现代化的制约因素。新中国成立后长期实行优先发展重工业、农业支持工业、农村支持城市的政策，导致农村发展明显落后于城市。党的十三大从我国人口结构、工业发展水平等几个方面进一步概括了我国社会主义初级阶段的基本特征，指出我国社会主义初级阶段，是逐步摆脱贫穷、摆脱落后的阶段；是由农业人口占多数的手工劳动为基础的农业国，逐步变为非农产业人口占多数的现代化的工业国的阶段；是由自然经济半自然经济占很大比重，变为商品经济高度发达的阶段；是通过改革和探索，建立和发展充满活力的社会主义经济、政治、文化体制的阶段；是全民奋起，艰苦创业，实现中华民族伟大复兴的阶段。

人均 1000 美元之后的烦恼

国际经验告诉我们，在人均国内生产总值超过 1000 美元之后，可能会出现这样两种前途：一种是进入“黄金发展期”，顺利实现工业化和现代化。比如韩国，1977 年实现人均国内生产总值达到 1000

美元，随后进入全速发展期，从 1977 年至 1995 年不到 20 年的时间内，就实现了人均国内生产总值达到 1 万美元的飞跃。另一种是出现所谓的“拉美现象”，贫富悬殊、失业激增、分配两极化、社会矛盾激化，导致经济社会发展长期徘徊不前，甚至引发社会动荡和倒退。所谓“拉美化”就是一种“有增长而无发展”的困境，就是一种少数人幸福的现代化。而在 2002 年底，从我国著名社会学家陆学艺带领他的课题组完成的“关于当代中国社会各阶层的分析”中，我们看到，占中国总人口 80% 的农民绝大部分处于社会的最底层。20 世纪 80 年代，托夫勒在《第三次浪潮》里预言：资讯网络时代，一个农业社会能够直接进入资讯社会，不必历经工业社会的演变，也能避开因工业化所带来的影响和社会问题。

1980 年 1 月 16 日，邓小平在中共中央召开的干部会议上发表了题为《目前的形势和任务》的讲话。他在讲话中指出：“我们要经常记住，我们国家大，人口多，底子薄，只有长期奋斗才能赶上发达国家的水平。例如煤产量，一九七八年，美国商品煤五亿九千九百多万吨，苏联原煤七亿二千四百万吨。我们去年的原煤也达到六亿三千多万吨，似乎不算少。但是，按每人平均占有量计算，我们就少多了。又如钢，日本差不多一个人一吨钢，美国和苏联是两个人一吨钢。现在欧洲的许多国家，比如法国、英国、西德，大体上也是两个人一吨钢。如果我们要达到两个人一吨钢，到本世纪末，就算只有十二亿至十三亿人口，也要六亿吨钢。”[①]

① 邓小平：《目前的形势和任务》，《邓小平文选》第 2 卷，人民出版社 1994 年版，第 260 页。

（三）长期性、复杂性、艰巨性

20 世纪 50 年代末 60 年代初，在初步总结社会主义建设的经验教训后，毛泽东意识到了在中国建设社会主义的长期性、复杂性、艰巨性。他在读苏联《政治经济学教科书》时提出了一个重要的观点："社会主义这个阶段，又可能分为两个阶段，第一个阶段是不发达的社会主义，第二个阶段是比较发达的社会主义。后一阶段可能比前一阶段需要更长的时间。""在我们这样的国家，完成社会主义建设是一个艰巨任务，建成社会主义不要讲得过早了。"[①]

改革开放后，邓小平进一步指出："现在虽说我们也在搞社会主义，但事实上不够格。"[②]所谓"不够格"，也就是不够社会主义阶段的"资格"。这种"不够格"，主要是在物质技术基础方面不够格，也表现在社会经济制度和上层建筑方面的不成熟、不完善。长期性、复杂性、艰巨性表现为从社会主义改造基本完成算起，到社会主义现代化的基本实现，社会主义初级阶段要经过很长时间、面临很多任务。

社会主义初级阶段的长期性、复杂性、艰巨性，从根本上说是由中国进入社会主义的历史条件和建成社会主义所需要的物质基础所决定的。我们必须在社会主义条件下用一个很长的历史阶段，去实现别的国家在资本主义条件下实现的工业化和经济的市场化、社会化、现代化的任务。进一步巩固和发展社会主义制度，也需要更长的时间。同样，现代化是个动态的过程。邓小平说，什么叫现代化？50 年代一个样，60 年代不一样了，70

① 毛泽东：《读苏联〈政治经济学教科书〉的谈话（节选）》，《毛泽东文集》第 8 卷，人民出版社 1999 年版，第 116 页。

② 邓小平：《社会主义必须摆脱贫穷》，《邓小平文选》第 3 卷，人民出版社 1993 年版，第 225 页。

年代就更不一样了。由于世界生产力迅猛发展，我们所要实现的现代化，肩负着更为艰巨、复杂的任务。一方面，工业化仍然是我国现代化进程中需要继续完成的历史性任务，我们还要为此付出很大的努力；另一方面，我们又面临着以信息化为标志的新的科技革命的挑战，面临着综合国力竞争中处于不利地位的压力。邓小平在南方谈话中指出："我们搞社会主义才几十年，还处在初级阶段。巩固和发展社会主义制度，还需要一个很长的历史阶段，需要我们几代人、十几代人，甚至几十代人坚持不懈地努力奋斗，决不能掉以轻心。"[①]这使我们对中国特色社会主义建设的长期性、复杂性、艰巨性有了更加清醒的思想认识。

三、以初级阶段之"真"，务改革发展之"实"

我国处于社会主义初级阶段，解放和发展生产力是这一阶段的首要任务。在改革开放中，我们通过调整生产关系激发社会活力，通过完善上层建筑适应经济基础要求，顺应了社会主义初级阶段的社会发展规律，抓住了社会主要矛盾，实现了改革的整体推进，因而取得了巨大成就。

（一）初级阶段决定主要矛盾

在社会主义初级阶段，我国经济、政治、文化和社会生活各方面存在着种种相互联系的矛盾。党的十一届三中全会决定把党和国家的工作重点

① 邓小平：《在武昌、深圳、珠海、上海等地的谈话要点》，《邓小平文选》第3卷，人民出版社1993年版，第379—380页。

转移到社会主义现代化建设上来，进而对我国社会主要矛盾作出了概括。1979年，邓小平在题为《坚持四项基本原则》的重要讲话中，明确回答了什么是我国现阶段的主要矛盾的问题。他说："什么是目前时期的主要矛盾，也就是目前时期全党和全国人民所必须解决的主要问题或中心任务，由于三中全会决定把工作重点转移到社会主义现代化建设方面来，实际上已经解决了。我们的生产力发展水平很低，远远不能满足人民和国家的需要，这就是我们目前时期的主要矛盾。"[①]1981年，党的十一届六中全会通过的《关于建国以来党的若干历史问题的决议》对我国社会主要矛盾作了规范的表述："在社会主义改造基本完成以后，我国所要解决的主要矛盾，是人民日益增长的物质文化需要同落后的社会生产之间的矛盾。"

中国特色社会主义进入新时代，我国社会主要矛盾已经转化为人民日益增长的美好生活需要和不平衡不充分的发展之间的矛盾。

必须认识到，我国社会主要矛盾的变化是关系全局的历史性变化，对党和国家工作提出了许多新要求。我们要在继续推动发展的基础上，着力解决好发展不平衡不充分问题，大力提升发展质量和效益，更好满足人民在经济、政治、文化、社会、生态等方面日益增长的需要，更好推动人的全面发展、社会全面进步。

必须认识到，我国社会主要矛盾的变化，没有改变我们对我国社会主义所处历史阶段的判断，我国仍处于并将长期处于社会主义初级阶段的基本国情没有变，我国是世界上最大发展中国家的国际地位没有变。全党要牢牢把握社会主义初级阶段这个基本国情，牢牢立足社会主义初级阶段这

① 邓小平：《坚持四项基本原则》，《邓小平文选》第2卷，人民出版社1994年版，第182页。

个最大实际，牢牢坚持党的基本路线这个党和国家的生命线、人民的幸福线，领导和团结全国各族人民，以经济建设为中心，坚持四项基本原则，坚持改革开放，自力更生，艰苦创业，为把我国建设成为富强民主文明和谐美丽的社会主义现代化强国而奋斗。

（二）主要矛盾决定发展任务

“立国之道无他，唯在于富。”在我国社会主要矛盾中，生产力落后是矛盾的主要方面。要彻底改变这种情况，就必须始终坚持以经济建设为中心，集中力量不断解放和发展生产力。

以经济建设为中心是兴国之要，是我们党和国家兴旺发达、长治久安的根本要求。能否坚持以经济建设为中心，关系到社会主义现代化的成败，关系到社会主义的前途和命运。如果经济建设这个中心发生动摇，整个基本路线就会动摇。坚持以经济建设为中心，各项工作都要服从和服务于这个中心。全国党政军民都要以经济建设为大局，从这个大局出发，照顾大局，配合大局，在这个大局下行动。正如邓小平所说：“离开了经济建设这个中心，就有丧失物质基础的危险。其他一切任务都要服从这个中心，围绕这个中心，决不能干扰它，冲击它。”[①]

邓小平指出，实现四个现代化是一场伟大的革命，经济战线要进行全面的重大改革，同时要多方面地改变生产关系，改变上层建筑。1980 年邓小平在党的十一届五中全会上的讲话中指出，我们党在现阶段的政治路线，概括地说，就是一心一意地搞四个现代化。1981 年，党的十一届六中全会

① 邓小平：《目前的形势和任务》，《邓小平文选》第 2 卷，人民出版社 1994 年版，第 250 页。

确定了以现代化经济建设、民主政治建设和精神文明建设为标志的全面建设社会主义的总任务。在党的十二大上，邓小平第一次提出了“走自己的路，建设有中国特色的社会主义”的概念，逐步探索“一个中心、两个基本点”的基本路线。1985 年，邓小平又进一步指出：“我们拨乱反正，就是要在坚持四项基本原则的基础上发展生产力。为了发展生产力，必须对我国的经济体制进行改革，实行对外开放的政策。”[①] 这将以经济建设为中心同坚持改革开放和四项基本原则联系起来。1986 年，党的十二届六中全会根据邓小平的理论，提出了我国现代化建设的总体布局，即以经济建设为中心，坚定不移地进行经济体制改革，坚定不移地进行政治体制改革，坚定不移地加强精神文明建设，并且使这几个方面相互配合、相互促进。

1987 年 7 月 4 日，邓小平更为明确地指出：“第一，必须实行改革、开放政策；第二，必须坚持四项基本原则。”[②] 这是我国方针政策的两个基本点。至此提出初级阶段基本路线的条件已经完全具备。党的十三大在科学阐述社会主义初级阶段理论的同时，正式提出了党在社会主义初级阶段的基本路线：领导和团结全国各族人民，以经济建设为中心，坚持四项基本原则，坚持改革开放，自力更生，艰苦创业，为把我国建设成为富强、民主、文明的社会主义现代化国家而奋斗。这表明经过多年的实践和探索，我们党对奋斗目标的认识逐渐深化，实现了中国特色社会主义事业总体布局与奋斗目标的有机统一。

① 邓小平：《改革是中国发展生产力的必由之路》，《邓小平文选》第 3 卷，人民出版社 1993 年版，第 138 页。

② 邓小平：《我国方针政策的两个基本点》，《邓小平文选》第 3 卷，人民出版社 1993 年版，第 248 页。

（三）发展任务决定总体布局

建设中国特色社会主义，总依据是社会主义初级阶段，总布局是“五位一体”，总任务是实现社会主义现代化和中华民族伟大复兴。

经济建设、政治建设、文化建设、社会建设、生态文明建设——着眼于全面建成小康社会、实现社会主义现代化和中华民族伟大复兴。党的十九大报告丰富了推进中国特色社会主义事业“五位一体”总体布局的内涵。“五位一体”总体布局是中国共产党关于“坚持和发展什么样的中国特色社会主义、怎样坚持和发展中国特色社会主义”这一重大问题的理论组成部分，是指导实践、推动工作的战略指导。

“五位一体”总体布局是一个有机整体，是以习近平同志为核心的党中央现阶段治国理政的总方略，其中经济建设是根本，政治建设是保证，文化建设是灵魂，社会建设是条件，生态文明建设是基础。只有坚持“五位一体”建设全面推进、协调发展，才能形成经济富裕、政治民主、文化繁荣、社会公平、生态良好的发展格局，把我国建设成为富强民主文明和谐美丽的社会主义现代化强国。“五位一体”总体布局大大丰富了“现代化”的理论体系。以往的提法主要是“经济现代化”，党的十六大报告提的是“三位一体”，即经济建设、政治建设、文化建设。党的十七大提出了“四位一体”，即经济建设、政治建设、文化建设和社会建设。党的十九大进一步拓展到“五位一体”，即经济建设、政治建设、文化建设、社会建设、生态文明建设。这个总体布局意味着中国进入新时代后，从局部现代化到全面现代化、从不断协调的现代化到全面协调的现代化的发展。

（四）总体布局通向中国道路

中国特色社会主义道路是在中国共产党的领导下，是在经济建设、政治建设、文化建设、社会建设、生态文明建设的“五位一体”建设中形成的。

中国特色社会主义道路，就是在中国共产党领导下，立足基本国情，以经济建设为中心，坚持四项基本原则，坚持改革开放，解放和发展社会生产力，巩固和完善社会主义制度，建设社会主义市场经济、社会主义民主政治、社会主义先进文化、社会主义和谐社会、社会主义生态文明，促进人的全面发展，逐步实现全体人民共同富裕，建设富强民主文明和谐美丽的社会主义现代化强国。

改革开放以来，社会主义在中国的新局面和新成就，国际共产主义运动的潮起潮落，使我们深刻地认识到，中国特色社会主义道路以及中国特色社会主义理论体系、中国特色社会主义制度、中国特色社会主义文化，是适合中国国情的，是符合最广大人民的利益和要求的。实践已经证明：中国特色社会主义道路，是实现社会主义现代化的必由之路，是创造人民美好生活的必由之路；中国特色社会主义理论体系，是指导党和人民沿着中国特色社会主义道路实现中华民族伟大复兴的正确理论；中国特色社会主义制度，是当代中国发展进步的根本制度保障，集中体现了中国特色社会主义的特点和优势；中国特色社会主义文化是实现中国梦的强大精神指引。而由中国特色社会主义道路、理论体系、制度和文化构成的中国特色社会主义，则是当代中国发展进步的旗帜，是全党全国各族人民团结奋斗的思想指南。

延伸阅读

1. 卫兴华:《社会主义初级阶段理论与实践——经济建设卷》，经济科学出版社 2017 年版。

2.《在新时代创造新的更大奇迹》,《人民日报》2018 年 12 月 18 日。

3.《端起历史望远镜把握前进大势》,《人民日报》2019 年 1 月 7 日。

深度思考

1. 苏联的社会主义发展对我国有何启示?

2. 如何理解社会主义初级阶段的理论内涵?

3. 我国长期处于社会主义初级阶段的原因是什么?

第四章

基本路线：“一个中心、两个基本点”

1976 年 10 月，“四人帮”被粉碎，“文化大革命”基本结束，但新的问题更严峻地摆在我们面前。中国的出路该向何处探寻？邓小平以卓越的政治敏锐性探索党在历史转折的紧要关头所应采取的兴邦之策。他在会见孟加拉国总统艾尔沙德时说：“搞社会主义现代化建设是基本路线。要搞现代化建设使中国兴旺发达起来，第一，必须实行改革、开放政策；第二，必须坚持四项基本原则，主要是坚持党的领导，坚持社会主义道路，反对资产阶级自由化，反对走资本主义道路。这两个基本点是相互依存的。”[①] 这是邓小平第一次明确提出党在社会主义初级阶段的基本路线，其精华就是“一个中心、两个基本点”，邓小平称之为社会主义现代化建设的“战略布局”。

这条基本路线是在准确认识我国基本国情基础上的理性判断，是在研判我国所处现实方位基础上的必然选择，是经历史和实践证明了的正确的战略抉择。

① 邓小平：《我国方针政策的两个基本点》，《邓小平文选》第 3 卷，人民出版社 1993 年版，第 248 页。

一、“这个设计好”

实事求是是我们党的思想路线的核心。在充分认识到我国正处于并将长期处于社会主义初级阶段这个基本国情后，在充分认识到我国在政治、经济、文化等各个方面与世界发达国家的差距后，我们党在指导思想上果断进行拨乱反正，并进一步总结经验教训，提出了党在社会主义初级阶段的基本路线。

（一）提出社会主义初级阶段理论

对于马克思主义政党来说，要领导人民推动社会发展进步，必须正确认识和判断所处的发展阶段和历史方位，并由此出发确定党在这一阶段的基本路线。

邓小平高瞻远瞩又坚持实事求是。他认为，离开中国现实和超越发展阶段是搞不成社会主义的。在深刻认识和分析中国发展的历史与现实的基础上，以邓小平同志为主要代表的中国共产党人在《关于建国以来党的若干历史问题的决议》和《中共中央关于社会主义精神文明建设指导方针的决议》中，明确作出了我国还处于社会主义初级阶段的科学论断。

邓小平关于社会主义的定位可以从两个方面进行阐释：第一，我们是社会主义国家，要坚持社会主义不动摇，一切判断和决策都不能离开社会主义这个大前提；第二，应当认识到我们仍处于社会主义初级阶段。邓小平明确指出，我们现在的社会主义，是不发达的社会主义，是处在初级阶段的社会主义，现在虽说我们也在搞社会主义，但事实上不够格，只有到了21世纪中叶，达到了中等发达国家的水平，才能说真的搞了社会主义，才能理直气壮地说社会主义优于资本主义。

我们党始终坚持实事求是的思想路线，把认识中国的国情作为考虑和解决中国现实问题的首要出发点。社会主义初级阶段理论，是邓小平建设有中国特色社会主义理论的基石，为“一个中心、两个基本点”的社会主义基本路线的制定提供了客观依据。

（二）党的政治路线的拨乱反正

1976年10月，终于从“以阶级斗争为纲”口号中醒来的中国人民，面对世界，发现自己是如此格格不入。面对与西方发达国家在政治、经济各个领域的巨大差距，党和人民都意识到：改革，迫在眉睫！进行社会主义现代化建设，迫在眉睫！

1978年9月，邓小平视察东北三省，他一路走，一路强调“解放思想”和“实事求是”，一路谈改革旧体制、发展社会生产力、实现工作重点转移的问题。在后来人眼中，这好像是自然而然的转变，但在当时是已然习惯了阶级斗争的人们所无法想象和理解的，邓小平发出改革的声音，无疑需要极大的政治勇气和政治魄力。面对重重阻力，邓小平强调，按照历史唯物主义的观点来讲，正确的政治领导的成果，归根结底是表现在社会生产力的发展上，人民物质文化生活的改善上。他尖锐地指出，如果不是这样，还谈什么社会主义的优越性？

真理标准问题大讨论和邓小平视察东北的谈话对转变人们的思想观念起了巨大作用，1978年12月十一届三中全会正式提出停止使用“以阶级斗争为纲”的口号，并作出把全党的工作重点转移到社会主义现代化建设上来的新决策。1979 年 3 月，邓小平在理论工作务虚会议上进一步指出，我们的生产力发展水平很低，远远不能满足人民和国家的需要，这就是我们目前的主要矛盾。随后，在中共中央召开的干部会议上，邓小平强调了全党全国人民要做的三件大事，其中最重要的是经济建设。他说："三件事的核心是现代化建设。""加紧经济建设，就是加紧四个现代化建设。四个现代化，集中起来讲就是经济建设。"[①]

加强经济建设必须改革，"如果现在再不实行改革，我们的现代化事业和社会主义事业就会被葬送"[②]。但怎么改、从哪里改，却没有现成的答案，只能"摸着石头过河"。最终，党和国家在探索中找到了一条光明大道。从家庭联产承包责任制到统分结合的双层经营体制，农村的经济体制改革极大调动了农民生产积极性，农村经济不断向专业化、商品化、社会化发展；以搞活国有企业为中心，着眼于探索建立自主经营、自负盈亏、富有活力和效率的企业体制，城市经济体制改革进一步扩大了企业自主权，有效增强了企业内在活力；以沙市、常州、重庆等地区进行的经济体制综合改革试点为起点，以设立经济特区和沿海开放城市为突破，改革逐步打开了国门，走向纵深开放。从农村到城市，从内陆到沿海，改革开放的实践促进生产力跨越式发展。

然而成功向来不是一帆风顺的，改革开放毫无疑问会触动某些人的"利益蛋糕"，因而有人批评这些政策是"逆风千里"。邓小平清醒地认识到这一问题的严重性和迫切性，因而在理论工作务虚会上，他代表党

① 邓小平：《目前的形势和任务》，《邓小平文选》第 2 卷，人民出版社 1994 年版，第 240 页。
② 邓小平：《解放思想，实事求是，团结一致向前看》，《邓小平文选》第 2 卷，人民出版社 1994 年版，第 150 页。

中央作了题为《坚持四项基本原则》的重要讲话。在讲话中特别强调了“四个坚持”，即：“第一，必须坚持社会主义道路；第二，必须坚持无产阶级专政；第三，必须坚持共产党的领导；第四，必须坚持马列主义、毛泽东思想。”[①]

党的十一届三中全会后，我们党一步一个脚印，循序渐进，逐步规范，完成了党的政治路线的拨乱反正，虽然这时还没有“一个中心、两个基本点”的提法，但已经奠定了新时期党的基本路线的基调。

（三）正式确立“一个中心、两个基本点”的基本路线

在建设有中国特色社会主义理论的指导下，我们党形成了社会主义初级阶段的基本路线：“领导和团结全国各族人民，以经济建设为中心，坚持四项基本原则，坚持改革开放，自力更生，艰苦创业，为把我国建设成为富强、民主、文明的社会主义现代化国家而奋斗。”《中国共产党第十三次全国代表大会关于十二届中央委员会报告的决议》把社会主义初级阶段基本路线的核心内容概括为“一个中心、两个基本点”。

社会主义初级阶段基本路线反映了社会主义的本质要求，体现了中国特色社会主义发展的基本规律。“一个中心”即以经济建设为中心，是解决我国现阶段社会主要矛盾的物质基础和根本途径。“两个基本点”即“坚持四项基本原则、坚持改革开放”。四项基本原则是立国之本，是我们党长期以来生存和发展的政治基石，是社会主义现代化建设的根本政治保证；改革开放是强国之路，是实现社会主义现代化的必由之途。“一个中心、两个

① 邓小平：《坚持四项基本原则》，《邓小平文选》第 2 卷，人民出版社 1994 年版，第 164—165 页。

基本点"是相互贯通、相互依存、不可分割的统一整体。"一个中心"居于主导地位，决定和制约着"两个基本点"，为两个基本点作用的发挥规定了目标，"两个基本点"服务于"一个中心"，使得中心沿着社会主义的方向发展。

"一个中心、两个基本点"是党在社会主义初级阶段的基本路线中最核心的内容，是社会主义现代化建设的"战略布局"，是我们党对中国特色社会主义认识深化的成果与结晶，它落脚于客观物质基础与坚实的理论之上，为我国社会主义发展奠定了基调、指明了方向。

基本路线是适合中国国情的理性选择。改革开放之初，我国社会的主要矛盾转变为人民日益增长的物质文化需要同落后的社会生产之间的矛盾，这个主要矛盾贯穿我国社会主义初级阶段的整个过程和社会生活的各个方面，决定了我们必须把经济建设作为全党全国的中心任务。我们坚持社会主义道路，是坚持走适合中国国情、具有中国特色的社会主义道路；我们坚持人民民主专政，以广泛的人民民主为基础，又为人民民主的充分发展提供有效的形式；我们坚持中国共产党的领导，同时适应新形势的要求，不断提高党的领导水平和执政水平；我们坚持马克思列宁主义、毛泽东思想，重在坚持把马克思主义的基本原理同当代中国的实际相结合。改革开放是强国之路，是我们党和国家发展进步的活力源泉。我们实行的改革是在坚持社会主义基本制度的前提下，自觉调整生产关系和上层建筑的各个方面和环节，适应社会主义初级阶段生产力发展水平和实现现代化的要求；我们实行的开放是包括对外对内的多层次、多渠道、全方位的全面开放。

二、贯穿中国特色社会主义理论体系的一条红线

党的基本路线是贯穿中国特色社会主义理论体系的一条红线，历史证明了基本路线的正确性、合理性。中国改革始终坚持党的基本路线，着力解决实践中出现的新问题，不断取得改革和发展的新成就。

（一）实践出真知

自十一届三中全会确立党的基本路线后，这条路线指引中国改革开放和社会主义现代化建设不断取得胜利，社会健康快速发展，人民生活明显改善，日益受到全党全国人民的衷心拥护。实践告诉我们，党的基本路线是贯穿中国特色社会主义理论体系的一条红线，要始终坚定不移坚持下去。

中国快速发展来自大胆改革。1978 年，安徽省凤阳县小岗村 18 户村民冒着坐牢的危险在土地承包责任书上按下鲜红手印，一份大包干的“生死契约”似一声惊雷，震醒了沉睡的大地，拉开了农村改革的序幕，改变了中国农村发展史。严金昌是大包干的带头人之一，在他的记忆里，当年搞大包干，主要是为了填饱肚子。“通过分田到户，我们农民的生产积极性被调动起来，从此过上‘手中有粮，心中不慌’的日子。”经过 40 年的奋斗，如今的小岗村村民吃不愁穿不愁，家家住的是小洋楼。“现在的小岗村早就跨过‘温饱线’走上了‘富裕路’”，“我自己家里的土地已经全部流转出去，每亩地每年有 800 块的租金，我们一家搞起了农家乐，一年收入得有 10 多万元呢”。改革开放 40 年的实践充分证明了党的基本路线是正确的，

只有坚持党的基本路线不动摇，我们才能够实现社会主义现代化和中华民族伟大复兴。

沈浩——永远的明镜

沈浩墓碑前的大理石上，有一片已被烧黑，那是清明期间，安徽省凤阳县小岗村村民三三两两自发来祭奠沈浩时烧纸钱留下的。

"你是累死的啊，像你这样的好书记，太难得了。"前些日子，大包干带头人之一的严立华又照例去祭奠沈浩："你一个人来了小岗，清明了，我来看看你。也许当时我们就不应该按红手印把你留下……"

红手印，在小岗村有着不同寻常的意义。

1978 年初冬，小岗村 18 条好汉以"托孤"的形式按下红手印，掀开了新时代中国农村改革的序幕。30 年后，朴实的小岗村人为了把沈浩留下，一共按下过 351 个红手印。"他是我们的亲人哪。""这孩子好啊，能干事！""他不图一点私利，是难得的好干部。"这些都是村民最质朴的表达。

现任小岗村党委第一书记、安徽省财政厅选派干部张行宇感慨道："个个红手印都是群众对他的深情呐。作为沈浩的接力者，和他比起来，我还有差距，要向他学的有很多。"

在第二批党的群众路线教育实践活动中，沈浩为民务实清廉的精神，已成为安徽省乃至全国党员干部深学、细照、笃行的一面镜子。

一、日日夜夜走访村民，当干部不图虚名

小岗村友谊大道两旁，小楼林立。放眼望去，四车道的柏油马路两旁集聚了数家亿元企业，来大包干纪念馆参观的游客络绎不绝。如果不告诉你这是个乡村，你甚至会误以为这是一个现代化小镇。

2004年，当脸孔白净的沈浩刚到小岗村时，大家投来的是怀疑的目光。大包干带头人之一的严金昌在心里嘀咕："省城来的干部，是想借小岗村名气'镀金'吧，肯定没两个月就走了。"

可让严金昌没想到的是，沈浩刚到小岗村1个多月的时间里，每天起早贪黑，围绕"小岗村究竟要怎么发展"的话题，挨家挨户走访村民，三十多个日日夜夜，沈浩将全村108户农民家跑了至少两遍，将小岗村的"家底"及大伙的想法都装进了心里。

当时村里仅有一条800米长的水泥路，其余都是泥巴路，"雨天一身泥、晴天一身灰"，大伙都巴望着村里能有更好走的水泥路。知道大家的想法后，沈浩就开始跑上跑下争取资金。为了让"肥水不流外人田"，沈浩还和几位大包干带头人合计，"自己的路自己修"。路修好了，一算账，整整省了20万元。修路，让村民们对这位第一书记的看法来了个180度大转弯，村里人叹服："沈浩这个人实在，不是来图虚名的。"

在小岗村工作的6年，沈浩不分白天黑夜，都在筹划着如何让"中国改革第一村"脱贫致富，乃至把名气打得更响。他的书桌上摆满了《乡村的前途》《中国农村金融调查》等上百本杂志图书；一遇到重大决策，他都要找大包干带头人们坐下来"拉拉呱"。

同样作为村干部，对比沈浩的务实作风，有些人惭愧了："工作

做决策时，往往是村两委班子几个人坐在办公室一合计，想当然就去干了，不听群众意见，决策时‘拍脑袋’，办砸了‘拍屁股’，难怪群众反感。当干部，就不能玩花架子；当干部，就不能图虚名。”

可以说，沈浩在小岗村的6年，是小岗村发展最快的6年。2008年底，村民人均纯收入已从2003年的2300元增长到6600元，112户村民搬进了小区；大包干纪念馆等景点的修建，让小岗村成为国家4A级旅游景区；曾经没有一家工业企业的小岗村，已引进项目13个，到位资金2.3亿元；南连省城的101国道、北至307省道的小岗快捷通道打通后，从村到县的路程缩短了20多公里。

沈浩虽然走了，但他踏实干事的创业精神依然在传承。

2004年和沈浩同一批到村任职的省地税局选派干部杨传杰，已3次被下派，先后7年在两个贫困村任职。最近，在任期即将结束时，面对苦苦挽留他的村民，他决定留下来再干几年。他说：“村民看到了发展的希望，但是口袋还没鼓起来，我的事情还没做完。看着自己修的路，看着老百姓乐呵呵的笑脸，这样的人生更有价值，我理解沈浩。”

二、眼皮从不往上翻，心中装满群众

小岗村改革大道一旁，有一座黑瓦白墙的两层徽派建筑，这是村敬老院，是沈浩当年为了让村里的孤寡老人老有所养而修建的。

午后，几位老人坐在长廊上晒太阳。当得知我们来采访沈浩事迹时，73岁的张道维老人颤颤巍巍地站了起来，拉着我们到处看：“这里有食堂，房间里还有卫生间，以前我一个人住在草房里，要不是沈浩，我死了都没人知道。”老人用最质朴的话语表达着对沈浩的想念。

沈浩生前的住地离敬老院不远，从动工到封顶，每晚睡觉前，他都要站在西窗看看那灯火通明的工地。2009年11月6日，沈浩因长期积劳成疾，突发心脏病，倒在工作第一线。当时，他的案头上还放着一张《小岗村近期重点工作责任分解及完成时限表》，其中一项内容是："小岗村敬老院工程，11月15日前完工。"

沈浩的心中，满装着群众的需求。

村民韩庆江不会忘记，当年他家屋子漏雨，沈浩第二天就开会研究给他修房；困难户韩德国不会忘记，家里没钱给孙儿买奶粉，沈浩从自己口袋里掏出1000元钱；关友林全家不会忘记，逢年过节，沈浩都要送去慰问金和年货……小岗村村民们都知道，沈浩住处的门从不上锁，不论什么时候，都能推门而入。

大伙对沈浩评价最多的是："没架子，眼皮从不往上翻。"来自大别山革命老区的六安市舒城县幸福村党委书记杨龙和一直把沈浩当成一面镜子，时常用他对照自己和身边的村干部。他反思："沈浩虽然是省厅下派的干部，可一点官架子都没有。而我们呢？本身是群众，村干部时间当长了，就把自己当成了官，觉得自己高高在上，这很不对。"

在第二批党的群众路线教育实践活动中，安徽省提出远学焦裕禄、近学沈浩，力求做到深学、细照、笃行。截至2014年4月，全省共建立党员领导干部活动联系点5322个，派出督导组1264个，全省95%以上党员干部进村入户，深入田间地头，面对面听取群众意见建议。

三、期望活得更有价值，生活似苦行僧

"我们基层不是没有'四风'问题。现在日子好过了，一些村干部也有了享受享受的心理。"对照沈浩这面镜子，杨龙和的话直截了当，"有些村干部认为，只要集体的钱不装进自己的腰包，吃点喝点玩点，没什么大不了，甚至有个别干部，群众不送礼不请吃饭就拖着不办事，这样的'享乐欲'和'奢靡病'应当及时制止。"

沈浩生前，桌上一直放着女儿沈王一10岁时的一张照片，相框背面是女儿歪歪斜斜的几行字："我爱你爸爸，祝你身体健康，万事如意。还有，别做贪官。"女儿的担心是多余的，在小岗村6年，沈浩不仅没做贪官，反而过得像个苦行僧。

6年时间里，沈浩一直租住在一间不到20平方米的简陋平房里，没有卫生间，条件还不如村民家；6年时间里，他对自己很"抠门"，棉鞋，是从地摊上花5元钱买的，线衣袖子已经脱线，被房东扔了，可他又捡了回来，说穿上外套就看不见了。妻子王晓勤看着心酸，很不理解："家里也不是没条件买点好的，为什么你就不能对自己好点呢？"沈浩说："生活太讲究，就容易变质。"

对自己吝啬，但对村民和同事，沈浩却非常慷慨。

大学生村官赵玲记得，2008年刚来小岗村，沈浩给他们一批大学生村官住的屋子安装了新空调，还装了电视机，配了新电脑。"可他自己用的，还是省财政厅淘汰的。"

和沈浩共事了6年的同事记得，当时村里集体经济没有钱，为了开展工作，沈浩把自家的桑塔纳开来，好多交通票都是自掏腰包，"整理遗物的时候，发现他垫付的油票、交通费、差旅费等各种票据

就有数万元”。

“人生的目的，不应是追求奢靡享乐，而应像沈浩那样做有价值的事情。”让马鞍山市当涂县鑫龙村大学生村官陈邵霏感触最深的是沈浩日记里的那句：“作为一个人活在世上，官是当不到头的，钱也是难以挣尽的。那么，考虑的应该是怎样活得更有价值。”

（来源：《人民日报》2014 年 4 月 16 日）

（二）要有“左”反“左”，有右反右

在关于“一个中心、两个基本点”问题的认识上，一直存在着“左”和右的偏差，有的人把改革开放与党一贯坚持的四项基本原则对立起来，发出了“说三”（党的十一届三中全会路线）何必“道四”（四项基本原则）的疑问，在他们看来，讲反“左”和改革开放才是党的十一届三中全会精神；还有一些同志不能够很好地理解“一个中心”和“两个基本点”之间的关系，从而产生了偏右的误解，使改革开放偏离社会主义方向。对待这些争论，邓小平强调不要搞运动，不要上纲上线，是什么问题就处理什么问题，做到有“左”反“左”，有右反右。

针对现代化建设过程中出现的一些自由化思潮和表现，邓小平一再强调要坚持四项基本原则，指出要反对右的错误思想倾向，思想战线不能搞精神污染，要旗帜鲜明地反对资产阶级自由化。邓小平提出：“党的十三大概括的‘一个中心、两个基本点’对不对？两个基本点，即四个坚持和改革开放，是不是错了？我最近总在想这个问题。我们没有错。四个坚持本身没有错，如果说有错误的话，就是坚持四项基本原则还不够一贯，没有

把它作为基本思想来教育人民，教育学生，教育全体干部和共产党员。"[①] 这透露出邓小平坚定走基本路线的决心和对右的思想的高度警惕性。

邓小平也始终关注"左"的思想的影响，在 20 世纪 80 年代中期，邓小平多次提醒全党，我们既面临"左"的阻力，也面临右的干扰，但最大的危险还是"左"。邓小平认为"左"的思想的干扰在党的建设过程中已经成为一种习惯，在新的道路的探索过程中，想要突破旧有思维的束缚需要极大的勇气和耐心，不能惧怕困难。1992 年初，邓小平在南方谈话中强调："有右的东西影响我们，也有'左'的东西影响我们，但根深蒂固的还是'左'的东西。有些理论家、政治家，拿大帽子吓唬人的，不是右，而是'左'。'左'带有革命的色彩，好像越'左'越革命。'左'的东西在我们党的历史上可怕呀！一个好好的东西，一下子被他搞掉了。""把改革开放说成是引进和发展资本主义，认为和平演变的主要危险来自经济领域，这些就是'左'。我们必须保持清醒的头脑。"[②] 这是邓小平最为睿智的政治判断之一。

（三）贯彻党的基本路线关键在党的领导

党的基本路线必须贯穿于中国特色社会主义的探索、发展的过程中，基本路线要想实践好，得到好效果，必须有强有力的保证，必须坚持党的领导。

中国共产党的领导是中国特色社会主义最本质的特征，是中国特色社

① 邓小平：《在接见首都戒严部队军以上干部时的讲话》，《邓小平文选》第 3 卷，人民出版社 1993 年版，第 305 页。
② 邓小平：《在武昌、深圳、珠海、上海等地的谈话要点》，《邓小平文选》第 3 卷，人民出版社 1993 年版，第 375 页。

会主义制度的最大优势，因此要贯彻和发展社会主义初级阶段的基本路线就要坚持好党在政治、思想、组织和社会方面的领导。正是因为党始终把实现和维护无产阶级和广大人民群众的根本利益作为自身的根本政治立场，才能在贯彻基本路线的过程中始终秉承正确的原则，制定出符合人民心意的战略决策；正是因为党始终坚持以马克思列宁主义及其中国化理论，特别是习近平新时代中国特色社会主义思想为指导思想，才能在实践中保持正确的前进方向；正是因为党始终强调组织领导，选贤任能、知人善任，重视基层组织建设，才能在贯彻基本路线时发挥强大的执行力；正是因为党始终善于发挥社会领导功能，巧妙地将个体的力量凝聚为社会合力，才能形成良好的社会号召力，从而“集中力量办大事”，有效推动“一个中心、两个基本点”建设。

坚持党的领导，就要把党建设好，把党的领导集体建设好。邓小平告诫全党同志说：“一定要认识到，认真选好接班人，这是一个战略问题，是关系到我们党和国家长远利益的大问题。”[①]“这个问题解决不了，我们见不了马克思。”[②]邓小平指出，党和国家领导制度中存在的主要问题是官僚主义严重和权力过分集中，这种家长制作风损害了党内民主，因此要“从组织上发挥社会主义的优越性，自觉地更新各级党政领导机关，逐步实现领导人员年轻化、专业化的问题”[③]。邓小平强调推进干部制度改革，实行集体领导，使党的领导人和接班人以民主的方式实现平稳更迭，按照“革命化、

① 邓小平：《高级干部要带头发扬党的优良传统》，《邓小平文选》第2卷，人民出版社1994年版，第222页。

② 邓小平：《思想路线政治路线的实现要靠组织路线来保证》，《邓小平文选》第2卷，人民出版社1994年版，第193页。

③ 邓小平：《党和国家领导制度的改革》，《邓小平文选》第2卷，人民出版社1994年版，第323页。

年轻化、知识化、专业化"的标准，选拔德才兼备的人进班子。这位心系国家和人民的老人曾多次建议："一定要真正把优秀的中青年干部提拔上来，快点提拔上来。提拔干部不能太急，但是太慢了也要误现代化建设的大事。现在就已经误了不少啊！特别优秀的，要给他们搭个比较轻便的梯子，使他们越级上来。"①

党的基本路线，是我们党领导全国各族人民建设中国特色社会主义的政治路线，只有坚持党的领导，才能保证基本路线的顺利施行，才能确保中国的长治久安。

三、"基本路线要管一百年"

"政策和策略是党的生命"，党在社会主义初级阶段的基本路线是决定党和国家前途命运的生命线。我们要坚持并发展党在社会主义初级阶段的基本路线，这既是基于历史的经验教训和现实的复杂情况作出的科学论断，也是在新时代使其发挥勃勃生机的基本要求。

（一）"任凭风浪起，稳坐钓鱼船"

在具体的改革发展问题上，坚持党的基本路线并不容易。改革开放初期，面对巨大的政策革新，面对史无前例的历史挑战，总有一些人会提出质疑：这条路到底能走多久？总有一些人会心生胆怯而迈不开步子。面对

① 邓小平：《党和国家领导制度的改革》，《邓小平文选》第 2 卷，人民出版社 1994 年版，第 324 页。

种种质疑，邓小平斩钉截铁地回答：不能变，也不会变。没有理由变。如果要变的话，只会变得更好。他一次又一次地强调："我们有四个不变：坚持四项基本原则不变，一心一意搞四个现代化建设不变，对外开放政策不变，进行经济体制改革和政治体制改革的方针不变。"①"我们要向世界说明，我们现在制定的这些方针、政策、战略，谁也变不了。"②邓小平斩钉截铁地说："基本路线要管一百年，动摇不得。"③

进入中国特色社会主义新时代，面对种种新问题、新现象，面对人民日益增长的美好生活需要和不平衡不充分的发展之间的矛盾，一些人发出了不同的声音：时代都变了，基本路线还会一直坚持下去吗？习近平总书记给出了铿锵有力的回答："党的基本路线是国家的生命线、人民的幸福线，我们要坚持把以经济建设为中心作为兴国之要、把四项基本原则作为立国之本、把改革开放作为强国之路，不能有丝毫动摇。"④

在多变的国际环境和复杂的国内形势下，正是我们始终坚持党的基本路线，才取得了平稳而快速发展。1978 年，中国人均国内生产总值只有 385 元，在全球 200 多个国家中排倒数第七，而截至 2018 年，中国人均国内生产总值达到 9281 美元；1978 年，老百姓赚 100 元有 60 元是用来买食品，而如今中国老百姓每月 61% 的收入用于购买提高美好生活的商品；1978 年，中国没有一家私营企业，国有企业在世界五百强中排名甚微，然

① 邓小平：《有领导有秩序地进行社会主义建设》，《邓小平文选》第 3 卷，人民出版社 1993 年版，第 211 页。
② 邓小平：《在中央顾问委员会第三次全体会议上的讲话》，《邓小平文选》第 3 卷，人民出版社 1993 年版，第 83 页。
③ 邓小平：《在武昌、深圳、珠海、上海等地的谈话要点》，《邓小平文选》第 3 卷，人民出版社 1993 年版，第 370—371 页。
④ 习近平：《在庆祝中国共产党成立 95 周年大会上的讲话》，《人民日报》2016 年 7 月 2 日。

而到 2017 年，世界五百强企业中，中国的企业数量已经达到了 115 家，其中有超过 25 家是民营企业。何平波是重庆市大渡口区茄子溪木材综合厂的一位退休老人，当谈起那段票证的记忆，他由衷地感慨道："在计划经济年代，每人每月半斤油票，只有逢年过节，政府才发补助油票。节日补助油虽然每人只有 2 两，但领到了有'小灯笼'的油票，还是特别高兴，过节了多放点油，多炒两个菜。""昔日凭票半斤油，过节才见'小灯笼'，如今粮油随便吃，老百姓赶上好时候啦。"从 20 世纪 60 年代至今，何平波已经收集了 173 套票证，如今人民生活有了质的飞跃，这些票证成了社会发展的重要见证，成了珍藏在柜子里的"幸福感"。

（二）处理好"不能变、不动摇"同"与时俱进"的辩证关系

任何事物都是稳定性与变动性的统一。社会发展规律在既定条件下，会始终存在并发生着作用。但这并不意味着我们消极被动地受规律支配，我们要因势利导，不断地研究社会发展中出现的新情况、新问题，坚持解放思想、实事求是，用发展的眼光对待实践，以积极主动的姿态运用规律来造福自身。我们毫不动摇地坚持党在社会主义初级阶段的基本路线，绝不意味着照搬历史条件、照抄历史实践，而是要在坚持基本路线的前提下，根据新情况、新发展，与时俱进。体现时代性，把握规律性，富于创造性，这就是与时俱进的要求。

我们党始终坚持以"变"与"不变"的辩证思维来把握基本路线与时代发展的关系，正确处理了改革与发展的关系，按照解放思想、实事求是的精神，不断丰富和发展中国特色社会主义理论体系，提出了一系列重要的战略和方针政策。随着改革开放的深入和社会主义市场经济的发展，中

国的社会生活发生了广泛而深刻的变化，社会经济成分、组织形式、利益分配和就业方式日益多样化，旧的平衡打破之后新的平衡尚处于建立和完善过程之中，深层次矛盾显现出来并日趋复杂化。党的十三届四中全会以来，以江泽民同志为主要代表的中国共产党人在坚持党的基本路线的前提下，提出了“三个代表”重要思想，推动了党的建设和改革开放不断深入向前。

进入21世纪以来，改革开放的成果初步显现，我国经济发展已经进入到具有较为充裕财力的时期，人民生活有了质的飞跃和提升。但我国经济发展还是以粗放型经济增长为主，存在着经济质量偏低、速度放缓等一系列发展不可持续的问题，无法支撑国家经济结构进行进一步的优化升级。面对着人民群众对于社会发展的新期望，面对着经济发展中出现的种种问题，以胡锦涛同志为主要代表的中国共产党人结合中国社会发展的实践，在“一个中心、两个基本点”的指导下，提出了科学发展观这一战略思想。科学发展观继承和发展了党的基本路线，以发展作为其第一要义，同时又结合时代特征丰富了发展的内涵，突出全面协调可持续性，不仅对于怎样发展作出了科学回答，更提出了认识发展、谋划发展、促进发展的一系列的思想方法、工作方法和领导方法，这样就为实现经济社会又好又快发展，加快推进我国的社会主义现代化指明了正确的方法路径。

（三）不断延伸，焕发光彩

党的十八大后，中国改革开放进入了新时代，面对发展的新形势、新任务，习近平总书记指出，既要看到社会主义初级阶段基本国情没有变，也要看到我国经济社会发展每个阶段呈现出来的新特点。我们必须准确把握我国不同发展阶段的新变化新特点，因时而变、与时俱进，以新的思想、新的作为、新的精神状态把新时代中国特色社会主义推向前进。

站在新的历史起点上，我们党对以经济建设为中心提出了新要求，随着生产力的发展，我国社会主要矛盾已经转化为人民日益增长的美好生活需要和不平衡不充分的发展之间的矛盾，这就要求以经济建设为中心绝不是"单打一"，而是要围绕这一中心，协调推进社会各个领域的建设和发展。人民对美好生活的需要同过去相比，在质和量上都有了进一步的提升，体现着层次更高、范围更广的特点。层次更高表现为在现有条件的基础上，人民希冀更好的教育、更满意的收入、更高水平的医疗卫生服务、更舒适的居住条件，等等；范围更广则体现在人民不仅仅对当前物质生活方面有所期待，对个人精神文化建设、国家民主法制建设等提出了新要求，同时对于教育文化事业、基础设施建设等方面的需要日益迫切。因此，把握新时代社会主要矛盾，就要在继续大力发展生产力的基础上积极转变工作思路，改进工作方法，紧抓主要矛盾的主要方面。从一味追求经济发展速度向高质量、开放型发展迈进，转变发展方式，优化经济结构；从过度关注发展速度向更加关注发展质量转变，建设现代化公共服务体系；从资源过度消耗向绿色发展转变，以效率、持续、和谐为目标，建设绿色产业，发展绿色生态，积极构建资源节约型环境友好型社会。努力做到发展过程人人参与，发展责任人人共担，发展成果人人共享，使人民在发展过程中能有更多的获得感。

随着我国经济和社会的快速发展，中国在国际交往体系中的角色也在发生变化，在国际变化的格局中，中国日益走近世界舞台中央。为适应新的国际秩序变化的要求，习近平总书记提出了"一带一路"倡议。"一带一路"倡议以古代丝绸之路为历史符号，以和平发展为旗帜，以打造政治互信、经济融合、文化包容的利益共同体、命运共同体和责任共同体为目的，使沿线各国共同分享中国改革发展红利，从而有力推动沿线国家间实现合作与对话，建立更加平等均衡的新型全球发展伙伴关系，成为夯实世界经济长期稳定发展的基础。成立亚投行是中国对外开放的又一重要举措，它通过在基础设施及其他生产性领域的投资，有效促进了亚洲区域建设互联互通化和经济一体化的进程，加强了中国与其他亚洲国家和地区的合作，为共同应对发展挑战建起了桥梁。中国国际进口博览会的举办，是中国对外开放的又一窗口。“中国开放的大门不会关闭，只会越开越大”，中国国际进口博览会展现了中国经济发展中开放、包容、合作的理念，为世界各国与中国的经济合作提供了良好平台，展示了中国深化改革开放的决心。同时，中国国际进口博览会的举办更体现了一个大国的担当。中国正以更加负责、更加积极、更加主动的姿态参与到国际事务中来，彰显了应有的大国风度、大国胸怀、大国气概。

延伸阅读

1. 习近平:《在庆祝中国共产党成立 95 周年大会上的讲话》,《人民日报》2016 年 7 月 2 日。

2. 邓剑秋、陈建华等:《邓小平治国方略》，武汉大学出版社 2004 年版。

3. 毛泽东:《为人民服务》,《毛泽东选集》第 2 卷，人民出版社 1991 年版。

1. 如何认识党在社会主义初级阶段的基本路线的重要意义?

2. 如何认识“一个中心、两个基本点”之间的辩证关系?

3. 党在社会主义初级阶段的基本路线能够为新时代建设中国特色社会主义提供哪些启示?

第五章

发展动力：改革是一场革命

改革是社会发展的重要动力，是历史的必然。1985 年，邓小平提出“改革是中国的第二次革命”[①]。随后，邓小平在会见坦桑尼亚联合共和国总统尼雷尔时提出：“改革的性质同过去的革命一样，也是为了扫除发展社会生产力的障碍，使中国摆脱贫穷落后的状态。从这个意义上说，改革也可以叫革命性的变革。”[②] 邓小平“改革是中国的第二次革命”的思想对当代中国的经济体制改革、政治体制改革和社会体制改革作出了总体判断和高度概括，对增强当代中国经济、政治和社会的发展动力具有重要的理论意义和实践意义。

一、经济动力：革命的对象是落后的经济体制

就改革的对象来说，邓小平指出，改革是一场革命，“当然，这不是对人的革命，而是对体制的革命”[③]。革命的对象就是存在弊端的原有体制，所以，我们要多方面地改变不适应生产力发展的经济体制和管理体制，才能

① 邓小平：《改革是中国的第二次革命》，《邓小平文选》第 3 卷，人民出版社 1993 年版，第 113 页。
② 邓小平：《对中国改革的两种评价》，《邓小平文选》第 3 卷，人民出版社 1993 年版，第 135 页。
③ 邓小平：《精简机构是一场革命》，《邓小平文选》第 2 卷，人民出版社 1994 年版，第 397 页。

提高经济发展速度、发展社会生产力。可见，这场革命的首要对象是经济体制改革，就是在坚持公有制和按劳分配为主体的前提下，促进非公有制经济发展和多种分配方式并存，建立和完善社会主义市场经济体制。

（一）计划经济是与非

“现金、刷卡支付，还是支付宝、微信支付？”当下，在结账的时候，不论是大商场还是小商店，总会有这样的询问，其背后显示的是中国40年来支付方式的变迁——从“票证”到“移动支付”，支付方式的改变，折射出改革开放取得的巨大成就。改革开放以来，我国经济体制经历了从计划经济到社会主义市场经济的转变，综合国力的增强、人民生活水平的提高以及科学技术的不断进步等，都影响着人们支付方式的变化。从粮票、布票的交换到现金交易、刷卡消费、网上银行，再到现在的手机支付，消费方式变得越来越便捷，不带钱包就能走遍天下，让人们切实感受到40年来发生的巨变。

在计划经济时期，以“票证”为代表的计划经济在我国社会主义建设中曾发挥了重要作用。一是计划经济的重要作用体现在凝聚人心，为发展社会生产力开辟了广阔的道路。1956年，我们确立了社会主义制度，开始实行计划经济体制，制订了“一五”计划，国民经济逐步恢复发展。二是坚持计划经济有利于维护安定、团结的政治局面，有利于巩固和发展新生的国家政权。三是计划经济有利于人们摆脱封建腐朽没落的思想残余，使人们的思想状况和精神风貌发生巨大的改变，有助于提高个体的思想道德素质，形成良好的社会风气，为社会主义建设提供思想文化保证。

《平凡的世界》描写了一个陕北农村的普通家庭20世纪70年代末、80

年代初的生活变化，透视了中国计划经济到改革开放的嬗变。一个早上，天刚蒙蒙亮，队长早就吹过了上工的哨子，村民们却拖拖拉拉，一路说闹着一起上工，磨蹭着干不一会儿，就到了吃饭的时间。此时，村里穷，队里穷，家里更穷。干多干少都差不多，孙少安拼尽力气也难以改善全家人的生活，所以大家的生产积极性很低。改革开放激发了劳动活力，以主人公孙少安为代表的青年率先领导社员实行责任制。头脑灵活的孙少安又进城拉砖，用赚的钱建窑烧砖，成了公社的“冒尖户”。村里的农民也都想法子挣钱，生活水平提高很快。我们可以看到，土地还是那些土地，工具还是那些工具，人还是那些人，只是改变了生产经营方式，劳动效率就大大提高了。

伟大的变革——庆祝改革开放40周年大型展览

2018年10月22日，“伟大的变革——庆祝改革开放40周年大型展览”在国家博物馆正式开幕。该展览经党中央批准，中共中央宣传部、中央改革办、中央党史和文献研究院、国家发展和改革委员会、商务部、新华社、中央军委政治工作部、北京市在京联合举办，旨在隆重庆祝改革开放40周年，大力营造深入学习贯彻习近平新时代中国特色社会主义思想和党的十九大精神的浓厚社会氛围。

大型展览以坚持和发展中国特色社会主义为主题，聚焦大事要事喜事，多角度、全景式集中展示改革开放40年的光辉历程、伟大成就和宝贵经验，突出展示党的十八大以来，以习近平同志为核心的党中央坚定不移高举改革开放旗帜，推进全面深化改革、扩大对外开放的战略决策部署，展现改革开放是党在新的时代条件下带领全国各族人民进行的新的伟大革命，展现党中央将改革开放进行到底的政治魄力和坚定决心，展现全面深化改革的总目标是完善和发展中国特色社会主义制度、推进国家治理体系和治理能力现代化，不断增强中国特色社会主义道路自信、理论自信、制度自信、文化自信。

大型展览紧扣改革系统性和群众获得感、成就感，强化展示历史纵深感、群众获得感、发展成就感和新旧对比感，着力增强历史厚度、文化深度、感情温度，努力为展览深刻的思想性寻求完美的艺术表达。

大型展览共安排设计了6个主题内容展区，着力强化前后对比、突出横向对照，充分运用历史图片、文字视频、实物场景、沙盘模型和互动体验等多种展示手段和元素，更加突出展示改革开放40年来特别是党的十八大以来，人民群众生产生活发生的伟大变迁，中华民族迎来了从站起来、富起来到强起来的伟大飞跃。

（来源：央视网2018年10月22日）

在中国改革开放的40年中，我们很清楚地看到，社会主义市场经济在改变人的观念、激发社会活力、提高生产效率方面比计划经济具有制度优越性。但正像农村土地包产到户跨越到土地流转一样，计划经济也许在新的条件下，还能重新发挥其优势。

如今，一种新的“计划经济”的提法进入人们视野。2016年11月19日，马云在上海市浙江商会成立30周年大会上的演讲中说了这么一句话：

“未来30年会发生很大的变化，计划经济将会越来越大。”马云口中的“计划经济”，与苏联的计划经济和中国在1992年之前的“国家计划经济”并不是一回事，它指的是一种大数据和人工智能，能让资源得到更高效配置的经济机制。这种通过云计算得出的引导性，在一定程度上降低了相对生产过剩的风险。大数据为企业家分析商机和配置资源提供了更丰富的工具和手段。这是一种经济发展趋势，但这不足以让我们对这种新型的“计划经济”顶礼膜拜，而要让政府和市场各司其职、各负其责，让“两只手”形成合力，优势互补。

（二）由“计划”走向“市场”

“30多度的大热天，一个人汗流浃背、涨红着脸推着三轮板车，走街串巷偷偷推销家用编织袋等小杂货。”尽管已经过去40年了，浙江华庆集团董事长姜集康依然清晰地记得1978年夏天的那个下午。“一国营二集体，不三不四干个体”，一句顺口溜反映了当时个体户的生存状况。除了起早贪黑，还得偷偷摸摸，姜集康当时承受的更多压力来自“练摊”之外。“那时走在路上，都会有人在背后指指点点，他是摆摊儿的，没出息！”和姜集康一样，当时整个温州有2000多个无证商贩，在计划经济的夹缝中悄悄地寻找生路。[①]

冰河解冻，春风拂面。党的十一届三中全会以后，我们党逐渐破除所有制问题上传统观念的束缚，为市场经济发展打开了大门。1979年，一份党中央国务院批转的报告提出，各地可根据市场需要，在取得有关业务主

①《从“个体户”到“民营经济”》,《中国纪检监察报》2018年11月23日。

管部门同意后，批准一些有正式城市户口的闲散劳动力从事修理、服务和手工业者个体劳动。个体户，这一来自人民的探索创举，得到党中央的肯定和支持，激活了中国市场经济体制改革的一池春水。

从 1979 年到 1989 年，中国从“计划经济为主、市场经济为辅”到“有计划的商品经济”，实现了经济体制的调整。这一阶段经济改革理论和实践不断创新，但总体上看，还没有突破“计划经济”的大框架。1989 年 6 月召开的党的十三届四中全会，关于经济体制和运行机制的提法是“计划经济与市场调节相结合”。这一时期，经济改革的最新理论依据仅止于“有计划的商品经济”，“社会主义也可以搞市场经济”尚未成为共识。

从 1989 年到 2013 年，我国从市场在资源配置中“起基础性作用”到“起决定性作用”，经济体制改革进入新阶段。1991 年 1 月，邓小平在视察上海时谈道：“不要以为，一说计划经济就是社会主义，一说市场经济就是资本主义，不是那么回事，两者都是手段。”[①]1992 年初，他在南方谈话中指出：“改革开放迈不开步子，不敢闯，说来说去就是怕资本主义的东西多了，走了资本主义道路。要害是姓‘资’还是姓‘社’的问题。”[②]这体现了邓小平的一贯思想，就是“社会主义也可以搞市场经济”[③]。邓小平的谈话，从根本上解除了把计划经济和市场经济看作属于社会基本制度范畴的旧观念，阐明了建立社会主义市场经济体制的改革思路。

在新时代，中国改革进入新阶段。习近平总书记在党的十八届三中全

① 邓小平：《视察上海时的谈话》，《邓小平文选》第 3 卷，人民出版社 1993 年版，第 367 页。
② 邓小平：《在武昌、深圳、珠海、上海等地的谈话要点》，《邓小平文选》第 3 卷，人民出版社 1993 年版，第 372 页。
③ 邓小平：《社会主义也可以搞市场经济》，《邓小平文选》第 2 卷，人民出版社 1994 年版，第 231 页。

会上就《中共中央关于全面深化改革若干重大问题的决定》所作的说明中指出："现在，我国社会主义市场经济体制已经初步建立……我们应该在完善社会主义市场经济体制上迈出新的步伐。""理论和实践都证明，市场配置资源是最有效率的形式。市场决定资源配置是市场经济的一般规律，市场经济本质上就是市场决定资源配置的经济。""市场在资源配置中起决定性作用"，是完善社会主义市场经济体制的起点，经济改革原则的确立、制度框架的设计、各方面政策的制定等，都必须以此为出发点。正如习近平总书记所强调的，健全社会主义市场经济体制必须遵循这条规律。2017年10月召开的党的十九大明确要求"加快完善社会主义市场经济体制"，并作了战略部署。

（三）社会主义与市场经济的真正结合

中国的改革开放是突破计划经济走向市场经济的过程，社会主义与市场经济能否兼容、如何结合，是一个充满争议的话题。"社会主义市场经济"由"社会主义"和"市场经济"两个词结合在一起，在今天看来，是合情合理的。但这个合成词的背后隐藏着无数前人付出的努力和经历的波折。邓小平指出："说市场经济只存在于资本主义社会，只有资本主义的市场经济，这肯定是不正确的。社会主义为什么不可以搞市场经济，这个不能说是资本主义。我们是计划经济为主，也结合市场经济，但这是社会主义的市场经济。"[①]"计划多一点还是市场多一点，不是社会主义与资本主义的本质区别。计划经济不等于社会主义，资本主义也有计划；市场经济

① 邓小平：《社会主义也可以搞市场经济》，《邓小平文选》第2卷，人民出版社1994年版，第236页。

不等于资本主义，社会主义也有市场。计划和市场都是经济手段。”[①] 至此，“社会主义”与“市场经济”，终于走到了一起。

社会主义和市场经济的结合究竟意味着什么？我们往往将其理解为“社会主义国家 + 市场经济”，即在我们社会主义国家实行市场经济，或者将其看作“社会主义制度 + 市场经济”，即实现社会主义制度与市场经济的结合。这两种解释是大众普遍认同的观点，但在“市场经济”前面加上“社会主义”，应该有更为丰富的内涵。首先，是社会主义目标和市场经济手段的统一。仅就词义来说，社会主义是中心词，市场经济是修饰词，但社会主义是我们选择的一种社会制度，是党和人民经过长期艰苦卓绝的斗争实践证明了的正确选择，符合中国人民的意愿，而市场经济是为了更好地发展社会主义。从某种意义上说，市场经济是一种工具性的手段、方式，社会主义是一种价值性的理想、目标。无论任何时候，都必须坚持社会主义的中心地位。为了发展市场经济而搞市场经济，不考虑社会主义的目标，就不是真正的结合。其次，是市场经济与社会主义性质的统一。发展市场经济，必须坚持社会主义制度，如果只把社会主义市场经济看作是一个纯粹的经济学的范畴，忽略了社会主义所包含的基本政治制度、基本价值观念，市场经济仅仅与经济制度结合，便不是真正的结合。

坚持社会主义市场经济的改革方向，是当代中国进一步改革的题中应有之义。我们要思考的重点是：如何实现社会主义的价值目标，如何实现社会主义对市场经济的引领，如何让市场经济服务于社会主义的理想。我们要把社会主义作为主体，将市场经济作为手段，从思考如何发挥市场经

① 邓小平：《在武昌、深圳、珠海、上海等地的谈话要点》，《邓小平文选》第 3 卷，人民出版社 1993 年版，第 373 页。

济的活力，到思考如何与社会主义有机结合以实现社会主义的价值目标。

改革仍需用实践证明，社会主义与市场经济不仅能够结合，而且能结合得很好。社会主义不会终结市场经济，反而会把资本主义条件下违背市场经济原则的弊病解决得更好；市场经济不是社会主义的阻碍，反而是社会主义发展的助推器。

二、政治动力：政治体制改革的攻坚之战

曾有人质疑，我国只是在经济体制改革方面取得了进步，政治体制改革并没有实质的进展。现实并非如此。邓小平指出，“改革是全面的改革，包括经济体制改革、政治体制改革和相应的其他各个领域的改革”[①]。只有经济体制改革，没有政治体制改革，就不是真正的改革。中国改革是经济体制改革和政治体制改革同步推进的改革。政治体制改革是中国改革发展的基础，正是政治领域的改革才推动了经济领域的改革。

（一）人民代表大会制度改革的先行之路

政治体制改革是全面改革的重要组成部分，对经济社会发展发挥着保障和促进作用。邓小平指出：“政治体制改革同经济体制改革应该相互依赖，相互配合。只搞经济体制改革，不搞政治体制改革，经济体制改革也搞不通……从这个角度来讲，我们所有的改革最终能不能成功，还是决定

① 邓小平：《改革的步子要加快》，《邓小平文选》第 3 卷，人民出版社 1993 年版，第 237 页。

于政治体制的改革。”[①] 在中国，政治体制改革首先表现为人民代表大会制度的完善和发展。

人民代表大会制度确立于 1954 年，但在“文化大革命”期间遭到破坏，从 1966 年 7 月 7 日开始，全国人大及其常委会在 8 年零 6 个月的时间里未能举行过一次会议。1978 年 12 月召开的党的十一届三中全会，全面深刻地总结了历史经验，提出要发展社会主义民主、健全社会主义法制，使民主制度化、法律化。从此，我国的人民代表大会制度建设迎来了一个明媚的春天。

1978 年至 1982 年期间，不仅各级人大的工作迅速得到恢复，而且新宪法得以颁布和实施，实现了人民代表大会制度的重大改革。为落实党的十一届三中全会提出的关于健全社会主义法制的任务，1979 年召开的第五届全国人大第二次会议通过了《关于修正〈中华人民共和国宪法〉若干规定的决议》，制定了七部法律。1982 年 12 月 4 日，第五届全国人大第五次会议通过了新修订的宪法，该宪法扩大了全国人大常委会的职权，强化了新修正的人大的监督权，加强了人大常委会的地位。1983 年至 1992 年期间，以专门委员会的设立、议事规则和代表法的制定为标志，各级人大机构不断充实，人民代表大会制度逐渐完善。1993 年至 2004 年期间，以人大执法检查的普遍开展、工作评议的广泛进行为标志，全国各级人大在行使立法和监督职权中进行了不断探索。2005 年以来，以中共中央转发《中共全国人大常委会党组关于进一步发挥全国人大代表作用，加强全国人大常委会制度建设的若干意见》及《中华人民共和国各级人民代表大会常务委

① 邓小平：《在全体人民中树立法制观念》，《邓小平文选》第 3 卷，人民出版社 1993 年版，第 164 页。

员会监督法》的制定和实施为标志，人民代表大会制度建设得到了进一步加强。

在过去40年中，为适应我国的经济社会发展，各级人民代表大会进行了许多重大改革，在我国的政治生活中的作用变得日益重要。人民代表大会自身的制度建设日益完善，先后通过了人大代表选举、人民代表大会组织结构、各级人大议事规则等方面的相关法律法规，初步确立了中国的基本法律体系，各级人大的监督作用明显增强。

（二）司法体制改革的探索之路

1978年，随着人民代表大会制度的恢复，司法体制改革成为一个重要问题。《中国共产党第十一届中央委员会第三次全体会议公报》指出："为了保障人民民主，必须加强社会主义法制，使民主制度化、法律化，使这种制度和法律具有稳定性、连续性和极大的权威，做到有法可依，有法必依，执法必严，违法必究。从现在起，应当把立法工作摆到全国人民代表大会及其常务委员会的重要议程上来。检察机关和司法机关要保持应有的独立性；要忠实于法律和制度，忠实于人民利益，忠实于事实真相；要保证人民在自己的法律面前人人平等，不允许任何人有超于法律之上的特权。"这一段话，字字铿锵有力，可以说都是饱蘸着血与泪写出来的，它集中表达了全党同志对以往践踏法制的痛苦反思和对健全法制的殷切期待。邓小平后来重申："要继续发展社会主义民主，健全社会主义法制。这是三中全会以来中央坚定不移的基本方针，今后也决不允许有任何动摇。"[①]

① 邓小平：《贯彻调整方针，保证安定团结》，《邓小平文选》第2卷，人民出版社1994年版，第359页。

随着我国改革开放的深入发展，司法体制和工作机制改革不断推进。1982年12月4日，第五届全国人大五次会议通过了新修正的《中华人民共和国宪法》。这是新中国第四部宪法，是国家的根本大法，是治国安邦的总章程。2002年11月，党的十六大作出了推进司法体制改革的重大战略决策。2003年，中共中央成立全国司法改革领导小组，指导全国司法体制改革工作的进行，标志着主导我国司法改革进程的核心机构正式成立。一种全新的、自上而下的改革策略和模式最终确立，在我国司法史上具有里程碑意义。从此，我国的司法改革结束了最高人民法院、最高人民检察院“各自为战”的工作状态，使司法改革从“自然演进型”转变为“权威推进型”。党的十九大报告明确指出：“深化司法体制综合配套改革，全面落实司法责任制，努力让人民群众在每一个司法案件中感受到公平正义。”全面推行司法体制改革，以群众关切的公正性为基础，开启了当代中国司法现代化的崭新时代，有力推动了新时代中国特色社会主义法治国家建设的发展进程。

（三）政府管理体制改革的攻坚之举

国家的政治体制在社会日常运行中具体表现为政府管理方式、政府管理体制。我国社会主义市场经济体制逐步完善和发展，对政府管理体制提出了新的要求，其中凸显的矛盾是政府与市场的边界问题。

在计划经济体制下建构的政府管理体制越来越不适应市场经济的发展要求，一是如邓小平所说的，机构臃肿，许多人员不称职，不负责，不改革得不到人民赞同。二是政府机构设置不合理，存在互相推诿、扯皮的现象。群众去办事不知道谁负责，被“踢皮球”。三是官僚主义严重，如果想申请营业资格，可能要盖几十个章。四是行政权力到处伸手，管理费用高，如果做生意，交的费可能比税还要多。

要推进社会主义市场经济的完善和发展，必须改革行政管理体制，我们党在改革开放不久就清楚地认识到了这一点。1982 年 1 月 13 日，邓小平在中共中央政治局会议上发表题为《精简机构是一场革命》的讲话，他批评当时党和国家的组织工作中存在着缺乏精力、知识和效率的情况，指出："这确是难以为继的状态，确实到了不能容忍的地步，人民不能容忍，我们党也不能容忍。"[①]同时明确提出："精简机构是一场革命"。1998 年的政府机构改革是在党的十五大强调"充分发挥市场机制作用，健全宏观调控体系"和将政府宏观调控的任务明确为"保持经济总量平衡，抑制通货膨胀，促进重大经济结构优化，实现经济稳定增长"的背景下展开的。2003 年的政府机构改革是在党的十六大提出"完善政府的经济调节、市场监管、社会管理和公共服务的职能"和加入世界贸易组织的大背景下展开的。1998 年的政府机构改革是"减肥"，2003 年的政府机构改革是"健美"，转变政府职能，服务于市场经济发展。

政府管理与人民群众的日常生活、切身利益密切相关，政府管理体制改革必须积极回应人民的诉求，改革成效的评判标准正如习近平总书记所强调的，就是人民拥护不拥护、赞成不赞成、高兴不高兴、答应不答应。

① 邓小平：《精简机构是一场革命》，《邓小平文选》第 2 卷，人民出版社 1994 年版，第 396 页。

三、社会动力：
社会体制改革是一场新的伟大革命

要释放企业的活力，把企业从社会体制束缚中解放出来，必须进行深刻的社会体制改革。

（一）吹响社会革命的号角

在1859年写成的《〈政治经济学批判〉序言》中有一段马克思关于社会基本矛盾的经典表述。在这里，马克思在对进化与革命关系科学论述的基础上，提出一般意义上的“社会革命”。然而，正如“无论哪一个社会形态，在它所能容纳的全部生产力发挥出来以前，是决不会灭亡的；而新的更高的生产关系，在它的物质存在条件在旧社会的胎胞里成熟以前，是决不会出现的”①。这句话所揭示的是，社会革命既不是社会运动发展的唯一形式，也不是社会发展的永久性方式。不同社会形态的更替需要进行社会革命，但是在同一社会形态内部生产关系本身的发展和变革是作为一种量的或部分质的变化，而社会改革则是贯穿于全部人类社会发展中的一种基本形式。

社会改革的突破口在于人民利益。邓小平认为，革命是阶级社会中依靠政权的力量通过改造生产关系及其上层建筑来调整和改变人们之间的利益关系。阶级斗争，是对人的革命，也正是人们为利益而进行的博弈。而

① 马克思：《〈政治经济学批判〉序言》，《马克思恩格斯选集》第2卷，人民出版社2012年版，第3页。

社会改革作为通过对生产关系和上层建筑的调整来改变人们之间利益关系的革命，也“不会是一帆风顺的，它涉及的面很广，涉及一大批人的切身利益，一定会出现各种各样的复杂情况和问题，一定会遇到重重障碍”[①]。从这一意义上来说，社会改革也是一场“革命”。

经济体制改革所引发的社会利益分化，促成了中国社会体制改革的最初孕育和发端。在计划经济时代，个人没有独立性，每个人都是单位的一个分子。你出门坐火车、住旅店，必须带着单位的介绍信，只有单位能证明你的身份。没有这个介绍信，你是寸步难行。你进入一个企业工作，特别是进入国有企业，那么，你生活的各方面便都得听从单位安排。在一个大型企业中，有学校、食堂、银行、电影院、商店、理发店，你只有是单位的一员，才能享受到企业的福利。笔者在 1986 年师范毕业后，就业的第一选择就是企业的学校，因为老师可以享受到教育局和企业的双重福利。但随着改革的推进，企业越来越成为市场的主体，它的任务和职责越来越明确，就是创造利润，这样它必须逐步地脱离社会功能，把自己放置于社会之中。这一阶段社会体制改革的主要内容包括：一是建立新型基层社会治理模式。随着人民公社制度的逐步瓦解，以村民委员会和居民委员会为代表的基层群众自治制度诞生。1982 年，《中华人民共和国宪法》对基层群众自治作出了明确规定，奠定了其坚实的宪法根基。二是建立民间组织双重管理体制。1978 年到 1988 年，是我国民间组织“野性生长”的 10 年。1988 年，民政部设立“社会团体管理司”，专门负责社会团体的登记管理。这标志着我国对民间组织的发展开始进行规范化管理，由此形成和

① 邓小平：《解放思想，实事求是，团结一致向前看》，《邓小平文选》第 2 卷，人民出版社 1994 年版，第 152 页。

确立了民间组织登记管理部门与业务主管单位的双重管理体制。三是建立基本的人口调控和管理制度。1982年，《中华人民共和国居民身份证条例》颁布，全国开始实施居民身份证制度。四是社会发展被纳入国家发展战略。1982年，《中华人民共和国国民经济和社会发展第六个五年计划》颁布。从"六五"计划起，专门增加"社会发展"的内容，并采用"国民经济和社会发展计划（规划）"。这表明党和国家的最高领导层开始重视社会领域的改革发展。[①]

正像邓小平会见外国友人时所说的那样："那个革命搞了三十几年。但是在建立社会主义经济基础以后，多年来没有制定出为发展生产力创造良好条件的政策。……这种情况，迫使我们在一九七八年十二月召开的党的十一届三中全会上决定进行改革。"[②]因此，在社会主义社会这一特殊革命背景下，社会改革显然更适用于社会主义生产关系和上层建筑的各个方面。从这一意义上来说，社会改革也就构成未来社会发展进化的基本方式和直接动力，成为社会主义时代条件下的必要范畴。

（二）社会体制改革的新阶段

40年前，找个"铁饭碗"工作是最有出息的。40年后，越来越多人放弃机关、企事业单位的稳定工作，投身自由择业的海洋中劈波斩浪，追逐梦想。40年前，大多数的人没有自主择业、自主就业的概念，在乡村，青年们大多没想过离开土地，人们都觉得守着田、种好地就是一辈子；而城里的青年，就业也无非是两种途径，要么"接班"上岗，要么大学毕业服

① 魏礼群：《当代中国社会变革和治理全景式记录》，《社会治理》2017年第3期。
② 邓小平：《对中国改革的两种评价》，《邓小平文选》第3卷，人民出版社1993年版，第134页。

从国家分配。现在的年轻人找工作，都会综合比较各公司给出的待遇，如果不满意直接“炒老板鱿鱼”，特别是当下的互联网行业，跳槽已成为一种常态。据领英平台大数据分析显示，2017—2018年，中国职场人的平均在职时间为26个月，这意味着职场人在入职两年多后就会选择跳槽。

人们选择工作这么“任性”，根本保障在于社会管理机制不断健全和完善，社会保障更加全面和丰富。1992年，邓小平南方谈话的发表和党的十四大的胜利召开，开启了中国改革开放和现代化建设的新阶段。在构建社会主义市场经济体制的背景下，随着经济改革的深入推进，社会体制的改革创新也相继展开。这一阶段社会体制改革的主要内容包括：第一，探索建立“社区制”。从“单位人”向“社会人”的转变，社会领域涌现的新事物、新现象、新问题，迫切需要创新城市基层治理体制。通过开展社区服务和社区建设，探索建立以社区制为核心的城市基层治理体制。第二，建立民间组织分类管理体制。1998年，在国务院机构改革中，民间组织类型实现从“一元”向“多元”转变，为其分类管理奠定基础。第三，确立公共服务市场化改革导向。随着市场经济改革的日益深入，教育、医疗、住房等社会公共服务领域，出现明显的市场化、产业化倾向。第四，社会管理成为政府基本职能。党的十四大之后，加快转变政府职能成为一项迫切任务。

21世纪以来，社会体制改革的最鲜明特征是：改革深入到社会领域，社会管理应运而生，致力于构建社会主义和谐社会。党的十八大以来，中国特色社会主义进入新时代，现代意义的社会治理得以正式确立和发展。党的十八届三中全会明确提出创新社会治理体制，实现了从“社会管理”向“社会治理”的历史新飞跃。这一阶段社会体制改革的最鲜明特征是：

推进社会治理现代化，着力建设“共享型社会”。

（三）完善的社会体制激发人才活力

1977 年，中断了 10 年的中国高考制度恢复，570 多万考生走进了考场，支撑中国未来高速发展的人才种子从这一刻悄然萌芽，也预示着知识的冬天结束了。

1978 年 3 月 18 日，邓小平在全国科学大会上全面阐述了科技人员的政治地位、人才培养等重大问题，旗帜鲜明地提出“科学技术是生产力”的著名论断，开启了科学技术的春天。

那个时候，习近平刚到河北正定任县委副书记和书记。习近平的好友、正定县文化馆的作家贾大山曾评价他：“让人们接受历史性变革的同时，还能优哉游哉地喝上一盅。这是一位含笑进取的改革者。”习近平自己回忆在正定的改革时则谦虚地说：“回头想想那几年，我们做到了什么，其中之一就是做到了解放思想。”“没有人才，民不能富，县不能强”，习近平念起了“人才经”。为此，正定县委、县政府大门口新添了一块人才技术开发公司的牌子。1983 年，为了揽英才、用良才、引外才，习近平打破用人的条条框框，亲自撰写“招贤榜”，颁布了“人才九条”，面向全国招揽人才。这一系列动作打破了当时人才流动的桎梏。当时干部职工不能自主选择供职单位，如果档案关系转不到正定，户籍落不了，甚至口粮都买不到。习近平大胆提出，凡是正定急需人才，派人与原单位友好协商，以最大的诚意争取理解支持；本人决意到正定工作，原单位坚持不放，档案不给，县委、县政府责成组织人事部门重新建档接续关系。像这些创新之举还有许多，比如允许研究项目失败，不追究责任，工资报酬、往返车费照付；一旦感到自己的技术专长不能有效发挥时，可以申请调到所心仪的单位，县委、县政府不加阻拦，并给予提供出走方便，等等。

回望来路，这40年间，解放思想、解放人才、解放科技生产力始终与改革开放同向同行，极大地调动了各类人才的积极性和创造性，激发了我国经济社会各项事业发展的活力，为中华民族从富起来到强起来提供了坚实人才支撑。

当今世界综合国力的竞争，说到底是人才竞争，人才成为衡量一个国家综合国力的重要指标。强化宗旨意识、以百姓之心为要，坚定维护公平正义，让人民生活得更幸福，更有尊严，从而有效促进每个人的全面发展。要建立更为灵活的人才管理机制，打通人才流动、使用、发挥作用中的体制机制障碍，尊重人才成长规律，努力形成让人才创新创造活力竞相迸发，使各方面人才各得其所、尽展其长的良好环境。确保人民群众对改革有更多获得感，才能将全面深化改革变成亿万人民自己的事业，才能不断凝聚改革共识和改革动力，充分激发蕴藏在人民群众中的创造活力，为实现社会主义现代化强国建设目标汇聚一往无前的磅礴力量。

延伸阅读

1. 习近平：《在学习贯彻党的十九大精神研讨班开班式上的讲话》，《人民日报》2018年1月6日。

2. 习近平：《在学习贯彻十八届六中全会精神专题研讨班开班式上的讲话》，《人民日报》2017年2月14日。

3. 徐斌：《中国改革为什么能成功》，世界图书出版公司2018年版。

深度思考

1. 改革开放是“中国的第二次革命”，是“在新的时代条件下进行的新的伟大革命”，那么，改革被称为革命的意义何在？

2. 结合生活实际，谈一谈如何理解“改革开放永远在路上”“改革为什么只有进行时没有完成时”。

3.40 年改革开放的历史遗产何在？

◀ 第六章

体制改革：计划和市场都是经济手段

马克思主义认为，事物发展的必然性总是通过偶然性为其开辟道路，人类社会发展规律总是表现在不同国家具体的发展方式、前进道路中，不同国家应该设计适合本国国情和发展要求的不同的发展方式、不同的前进道路，这样才能真正推动社会发展。社会主义市场经济既不同于以往传统僵化的计划经济发展模式，也不同于西方资本主义经济制度，而是立足中国国情、符合人民意愿和市场要求的理性选择，是对既有的社会发展方式的革命，亦是对人们头脑中固有的国家发展模式的颠覆。

一、贫穷不是社会主义

社会主义市场经济体制改革的前提是人们的思想解放，是对“什么是社会主义”“怎样建设社会主义”的正确理解和把握，而获得真理是与否定谬误联系在一起的。邓小平是在批判谬误中阐释了社会主义的本质以及怎么建设社会主义的问题。

（一）对美好生活的追求拉开了改革序幕

穷则思变。生存是人的本能，活下来的欲望是人进行革命、冲破一切障碍的不可阻挡的动力。

在历史的镜头中我们看到了震撼人心的一幕。20 世纪 70 年代，香港和深圳的交界处，一个高高的铁丝网横亘在人们面前，将祖国两地无情地分割开来。大陆一边，解放军战士荷枪实弹，不停地巡逻；香港一边，不宽的珠江口阻挡着大陆人通行的脚步。但这些都不能阻挡住逃港者，他们奋不顾身地躲过解放军、越过铁丝网、游过珠江口，奔向“天堂”。是什么给了他们这么大的动力？是改善生活的欲望，是两者比较的差距。当时，深圳农民收入年均 134 元，而香港是 13000 元。没有比较，就没有鉴别，也就没有改变。产生逃港的根本原因是两岸生活水平的差距。邓小平非常清楚地认识到事情的本质。1977 年 11 月，复出后的邓小平将视察的第一站定在广东，当广东省主要领导向邓小平汇报情况时，“逃港”作为一个重大的政治事件被捅了出来。正当广东的同志忐忑不安地等着指示之时，邓小平却出奇地沉默。他连吸了几根烟，缓缓地转过身来，平静地对大家说：“这是我们的政策有问题，此事不是部队管得了的。”正是为了从根本上解决一些人的逃港问题，解决人们生存和生活富裕问题，才催生了政策的改变，催生了改革开放。

一年后，安徽凤阳小岗村的大包干揭开了农村改革的序幕。在国家博物馆“伟大的变革——庆祝改革开放 40 周年大型展览”中，小岗村 18 户农民的红手印非常醒目。红手印上方写着 18 个农民生死状：我们分田到户，如果能干，每户完成上交公粮，不再向国家要粮要钱；如不成，我们干部杀头坐牢也甘心，社员把他们的孩子养到 18 岁。是什么让他们敢于冒着极大的政治风险呢？是能吃饱饭，也是对幸福生活的向往。因为，当时社员们出去唱花鼓戏谋生，不是长久之计。村集体生产，社员出工不出力，粮食大面积减少，生活困难，他们被迫实行大包干。18 户农民在昏暗的油灯下，庄重地神圣地按下了红手印，他们的一次选择不经意地成就了一个伟大的事业，完成了一次伟大的创举。大包干后的第二年粮食生产就获得了大丰收。一石激起千层浪，小岗村的大包干引起了强烈的示范效应，其他村子的农民得知这个信息后，马上效仿。事实证明，农民对土地最有感情，最懂得如何种地，不需要他人指手画脚，只要给他们自主权，农业生产和改善生活条件都不是问题。在邓小平等人的积极推动下，1982 年，中央发布了一号文件，确立了新政策，支持并鼓励农村实现包产到户，家庭联产承包责任制的改革在全国展开。

马克思主义认为，一种需要的满足必然产生新的需要，新的需要又会推动新的实践活动、新的改革。在这个过程中，人的需要的内容更加丰富，需要的层次不断提升。大包干解决了人们的丰衣足食问题，但又产生了过更好日子的需要，由此放开统购统销的计划经济政策，要求解决政府人为限制市场发展的问题。人民的需要不断丰富和提高，使僵化的管理制度的限制一点点被突破，政策不断放宽，人们的自主权不断增大，乡镇企业、私营企业如雨后春笋般茁壮成长。

（二）社会主义本质究竟是什么

进行社会主义改革，我们首先要搞清楚一个问题，究竟什么是社会主义，其本质是什么。

1956 年，我们就宣布已经建立了社会主义制度。“文化大革命”结束后，为了改革发展，中央决定派人出去搞调研，由时任副总理谷牧带队，选了 20 多位主管经济的高级干部，出访西欧五国。行前，邓小平亲自谈话送行，嘱咐好生考察学习。代表团组成后才发现，20 多人中只有两个人出过国。高级领导干部尚且如此，其他人中真正了解国外发展状况的更是寥寥无几。

为什么我们的社会主义建设经过了 20 多年，与资本主义国家差距还这么大？社会主义制度和体制之间有没有区别？社会主义最核心、最本质的是公有制的形式还是发达的生产力的内容？我们应该按照教科书设计的模式、按照苏联的样子，还是应该根据我们国家的实际情况搞社会主义？怎么发挥社会主义优越性？如果说这些问题在改革开放前还是一个隐性的问题，那么，改革开放后就很尖锐地提出来了。家庭联产承包责任制、搞活市场、允许一部分人带头先富起来，究竟是不是社会主义？邓小平直截了当地指出，贫穷不是社会主义。他说："什么叫社会主义，什么叫马克思主义？我们过去对这个问题的认识不是完全清醒的。"[①] 邓小平系统地阐释了提出这个问题的原因，他说："我们冷静地分析了中国的现实，总结了经验，肯定了从建国到一九七八年三十年的成绩很大，但做的事情不能说都是成功的。我们建立的社会主义制度是个好制度，必须坚持。我们马克思主义者过去闹革命，就是为社会主义、共产主义崇高理想而奋斗。现在我们搞经济改革，仍然要坚持社会主义道路，坚持共产主义的远大理想，年轻一代尤其要懂得这一点。但问题是什么是社会主义，如何建设社会主义。我们的经验教训有许多条，最重要的一条，就是要搞清楚这个问题。"[②] 邓小平认为，不能因为有社会主义的名字就光荣，但是如果搞不好，不能正确理

① 邓小平：《建设有中国特色的社会主义》，《邓小平文选》第 3 卷，人民出版社 1993 年版，第 63 页。
② 邓小平：《政治上发展民主，经济上实行改革》，《邓小平文选》第 3 卷，人民出版社 1993 年版，第 115 —116 页。

解，不能采取正确的政策，那就体现不出社会主义的本质。

邓小平用事实和教训精辟阐释了“什么是社会主义”的问题，他认为，贫穷不是社会主义；发展太慢不是社会主义；平均主义不是社会主义，两极分化也不是社会主义；没有民主就没有社会主义，没有法制也没有社会主义；僵化封闭不是社会主义，照搬外国也不能发展社会主义；计划经济不等于社会主义；不重视物质文明搞不好社会主义，不重视精神文明也搞不好社会主义。

这些否定命题从不同方面体现了社会主义的本质，即解放生产力，发展生产力，消灭剥削，消除两极分化，最终实现共同富裕。社会主义本质论是邓小平理论最鲜明的特征。搞清楚社会主义本质为改革开放提供了依据、确定了原则、明确了方向。邓小平理论把马克思主义基本原理与中国具体实际相结合，推动了马克思主义的创新发展，系统回答了在经济文化比较落后的国家如何建设社会主义、如何改革和发展社会主义的问题，是中国共产党的立国之本、强国之路、兴国之要。

外国政要和学者评价邓小平

党的十一届三中全会后，邓小平带领全党拨乱反正，实行改革开放，开启了一个全新的时代。对于邓小平领导的改革开放，许多外国政要和学者都给予了极高的评价。

邓小平是成功的改革家。新加坡的黄明翰指出，邓小平的政治生涯丰富多彩，“但最为重要的还是他第三次复出后，成为伟大的经济改革家”。曾任多哥共和国总统的埃亚德马评价说，邓小平是“现代化中国的第一位改革者”。英国的托尼·沃克指出：“邓小平将作为中国现代化之父，因而也是世界经济史上具有重大影响的事件之一的设计师载入史册。”曾任英国驻华大使的伊文斯认为，邓小平为中国实现现代化起了巨大的推动作用。哥伦比亚《时代报》撰文称，邓小平的英名与中国现代化永远联在一起。《邓小平时代》一书作者、美国哈佛大学教授傅高义认为，邓小平是中国改革开放的“总经理”。他说：“我不同意说邓小平开始了改革开放，他的贡献在于成功控制了开放的进程。”“‘设计’的工作，本来必然要有一个蓝图，比较清楚应该怎么走，但邓小平是试试看，看情况，要是成功了就可以再走。他是‘摸着石头过河’，他是一个政治的领导，是国家的总领导，所以我说是‘总经理’。”

邓小平领导的改革开放极大地改变了中国贫穷落后的面貌，极大地改善了中国人民的生活。傅高义认为：“自鸦片战争以来，中国的历届政府和领导人都希望带领中国人民走上复兴之路，而邓小平能够排除万难，通过改革开放政策，使中国逐步走上富强之路。”美国波士顿大学中国历史学教授戈德曼说，邓小平实现了使中国10亿以上人口的大多数在20世纪第一次过上丰衣足食生活这一目标，他还实现了中国领导人自19世纪以来要实现的使中国变得“富裕和强大”的目标。墨西哥前总统埃切维利亚认为，中国的改革、经济成就和新型经济模式的建立，无一不与邓小平改革与开放的思想有关。法国著名人士阿兰·佩雷菲特评价说，邓小平的伟大就在于他为中国的发展开辟了道路，是他唤醒了中国。尽管中国在经济起飞中也遇到一些问题，但中国不会放弃邓小平一再重申的开放原则，中国的发展是“不可抗拒”的。1988年，美国《世界报》月刊五月号评选邓小平为1978年至1988年10年风云人物，认为他是“最代表时代精神的社会人士”。《世界报》在发表这一消息的文章中说，邓小平的革命“可能使这个世界上人口最多的国家在21世纪变成前所未有的繁荣和强大”。

邓小平领导的改革开放极大地提升了中国的国际地位。联邦德国前总理施密特认为，“由于邓小平，中国在外交上不再同世界隔绝。中国在国际政治上的作用将比19世纪或者20世纪的任何时候都大得多”。他强调：“美国要认识到，在两极世界架构结束后绝没有出现什么美国是剩下的唯一世界大国的‘新世界秩序’。美国倒是应该给予世界大国中国一个强大的、平等的伙伴应当享有的尊重。”

邓小平领导的改革开放不仅造福中国，也造福世界。傅高义认为，邓小平领导中国实行改革开放，“这不仅是对中国的贡献，对世界发展也有着非凡的意义”。曾任美中关系全国委员会会长的兰普顿说：“邓小平不仅对中国，而且对世界有着重要影响。中国执行的改革开放政策，不仅符合中国的利益，而且也符合世界的利益，同时也符合美国的利益。”日本《时报》一篇文章认为：“邓小平的理论和决策，不仅使中国人民大大受益，而且惠及亚洲，惠及世界。”“他是改变中国及亚洲和世界面貌的重要领导人。”新加坡《联合早报》一篇文章称：“邓小平曾经两次被美国《时代》周刊选为年度风云人物，一个重要的原因是，中国的改革开放进程对世界经济发展、世界的和平与稳定皆产生了重大影响。”

（来源：《广安日报》2018年11月22日）

（三）姓“社”还是姓“资”

社会主义要解放和发展生产力，必须改变原来僵化保守的旧体制，建构充满活力的新体制。激发发展活力必然要求建立竞争机制，而市场机制是最有活力的、最具竞争性的、最公平的体制，要建立市场机制，必须发展多种所有制形式、多种经营方式。这样，在改革中，一个涉及根本原则的问题越来越突出了，这就是中国改革的方向何在？中国到底姓“社”还是姓“资”？而搞好经济、建立市场、发展多种所有制形式，必然会有一部分人先富起来，这样就形成了贫富差距，这还是不是社会主义？这是否符合公平原则？

在这些尖锐的问题争论中，有人经历了剥削阶级社会，曾受过被剥削的苦日子，他们痛恨不平等、贫富差距，对理想的社会主义有天然感情，所以，他们以公有制形式、财富平均为评价改革的标准。在电视剧《历史转折中的邓小平》中可以看到，安徽梨园公社的改革成果效果明显，扎根农村的北京知青夏建红受邀去北京参加农村问题研讨会。夏建红在会议上详细介绍了“大包干”的经验和成果，但现场出现了很激烈的反对声音，他们指责梨园村一部分人先买了摩托车是不公平的表现，是背离了社会主义道路的做法。传统的社会主义观点把私有观念、市场经济、富裕生活、贫富差别贴上资本主义的标签，而把公有观念、计划经济、绝对平均看作社会主义的本质。

“左”的东西看起来是捍卫社会主义，但僵化教条的观念，只会阻碍社会发展，只会葬送社会主义。1979 年，正式开始建设深圳蛇口工业区，工作量非常大。工人按部就班回填清淤根本无法保证工期，工程进展缓慢。为了调动工人的积极性，施工方实行“4 分钱奖金”的新制度方案，即完成每天定额每车奖 2 分钱，超额每车奖 4 分钱。算下来每个工人每天大概能多挣 1 块多钱，工人们铆足了劲儿，在工地上干得热火朝天。但是，相关部门认为这个奖金制度是倒退，并以“纠正滥发奖金的偏向”为由，勒令叫停。这一停工人们又开始磨洋工，施工速度越拖越慢。这事惊动了中央领导，得到中央领导的亲笔批示后，超产奖励制度开始重新执行。最终工程提前一个月完成，为国家多创产值 130 万元。仅仅因为“4 分钱奖金”就惊动中央领导，可见当时改革环境之艰难。这就需要极大的魄力和担当，才能真正按照市场经济规律办事，推动改革开放向前迈进。

姓“社”姓“资”之间有些事情没有确定的界限，产生的效果暂时不明确，即使有负面的效果，也不影响主流，不影响大局。而且有些看法带有很强的主观色彩、理论偏见，与其在理论层面纠缠，还不如在推进实践中进行检验。因此，对于姓“社”姓“资”的不同看法，邓小平睿智地指出：“对改革开放，一开始就有不同意见，这是正常的。不只是经济特区问题，更大的问题是农村改革，搞农村家庭联产承包，废除人民公社制度。开始的时候只有三分之一的省干起来，第二年超过三分之二，第三年才差不多全部跟上，这是就全国范围讲的。开始搞并不踊跃呀，好多人在看。我们的政策就是允许看。允许看，比强制好得多。我们推行三中全会以来的路线、方针、政策，不搞强迫，不搞运动，愿意干就干，干多少是多少，这样慢慢就跟上来了。不搞争论，是我的一个发明。不争论，是为了争取时间干。一争论就复杂了，把时间都争掉了，什么也干不成。不争论，大胆地试，大胆地闯。”①

① 邓小平：《在武昌、深圳、珠海、上海等地的谈话要点》，《邓小平文选》第 3 卷，人民出版社 1993 年版，第 374 页。

正是因为不争论，大胆地试，大胆地闯，才有了多种所有制形式的发展，多种经营方式的探索。“傻子瓜子”的经营发展就是不争论的成果。20世纪80年代初，安徽芜湖个体户年广久炒卖的“傻子瓜子”很受市场欢迎，生意迅速扩张。年氏父子三人最开始雇用了4个帮手，两年内发展成一个年营业额720万元、雇工140人的私人企业。年广久当上了老板，而争议也从芜湖一路到了北京。如何定夺一颗小小瓜子里面的大是大非？当时有关材料报到了邓小平的案头。邓小平的指示，斩钉截铁就是四个字：“不要动他！”既然历史经验显示过去那套做法效果不佳，邓小平的意思就是多看看、多试试，再也不能用专政手段对待民营企业家。

“傻子瓜子”

“傻子瓜子”因邓小平多次在高层提及年广久并收入《邓小平文选》而闻名全国，号称“中国第一商贩”。《邓小平文选》第3卷注释第43条，这样解释“傻子瓜子”：“指安徽省芜湖市的一家个体户，他雇工经营，制作和销售瓜子，称为‘傻子瓜子’，得以致富。”“傻子瓜子”三次被邓小平点名（《邓小平文选》收录了其中两次），分别为1980年、1984年、1992年，这刚好是改革开放的三个重要转折点。创始人年广久命运的起起伏伏被认为暗合着我国个体私营经济的发展进程。

二、社会主义市场经济走向共同富裕

建立社会主义市场经济体制是大包干、计件工资制、承包制、商品经济等发展的必然结果。社会主义市场经济体制的确立，在中国和世界的历史上是一个伟大的创举。社会主义市场经济既体现了市场经济的普遍原则，也体现出社会主义制度的基本特征和优势所在，不仅为中国的生产力发展、人民生活水平的提高提供了制度保障，也为其他国家地区的理论和实践提供了有益的借鉴，是符合时代发展要求和人民利益的理性选择。邓小平关于社会主义市场经济的理论论述和工作指导，有力地回应了关于姓“社”姓“资”的争论，为中国的经济发展指明了目标和方向。

（一）“三个有利于”的判断标准

随着改革开放的深入，我们的改革越来越触及一些深层次、根本性的问题，如政府与市场的关系、行政管理的边界、公有制经济在国民经济中的比例和地位以及技术、资本等在产品分配中的比重等问题。在这些问题上，“左”倾观点以巩固和发展社会主义制度、公有制、国有经济为由，不惜牺牲生产力发展的改革目的，在改革实践中，都要先用自己的一套模式去看看是姓“社”还是姓“资”，他们认为计划体制是社会主义制度的根本特征，而利用市场、外资等手段促进社会经济发展，则是在引进和发展资本主义，这令许多人在工作上不敢大胆开拓新路，进而停滞；右的观点则表现为简单将生产力标准作为衡量社会制度优劣的标准，而不惜改变社会主义根本的原则、根本的制度，放任甚至纵容资产阶级自由化思潮泛滥。

社会发展是一个整体，具有不同维度，不同方面的地位和作用也不同，其中有一些根本的方面起着主导和支配地位，社会发展的状况取决于这些根本的方面。中国改革应该据此确定判断标准。在党的十一届三中全会召开之前，邓小平就在谈话中指出，社会主义制度优越性的根本表现，就是能够允许社会生产力以旧社会所没有的速度迅速发展，使人民不断增长的物质文化生活需要能够逐步得到满足。他强调，“黄猫、黑猫，只要捉住老鼠就是好猫”[①]，实际上告诉我们，比起形式来说，能促进生产力发展更重要。

针对改革开放过程中的种种争论，邓小平在坚持生产力标准的基础上，在1992年的南方谈话中提出了“三个有利于”的判断标准，将其作为衡量党和国家的路线方针政策和各项具体工作得失成败的标准。“改革开放迈不开步子，不敢闯，说来说去就是怕资本主义的东西多了，走了资本主义道路。要害是姓‘资’还是姓‘社’的问题。判断的标准，应该主要看是否有利于发展社会主义社会的生产力，是否有利于增强社会主义国家的综合国力，是否有利于提高人民的生活水平。”[②]

“三个有利于”判断标准更深化了生产力判断标准，也使判断标准更准确、具体、全面。在“三个有利于”判断标准中，生产力标准是核心和基础。马克思主义的理论认为，生产力是一切社会发展的最终决定力量，生产关系和上层建筑必须适合生产力的实际状况才能促进生产力的发展。社会主义社会的产生和发展，都离不开生产力的发展。坚持生产力的标准是

① 邓小平：《怎样恢复农业生产》，《邓小平文选》第1卷，人民出版社1994年版，第323页。
② 邓小平：《在武昌、深圳、珠海、上海等地的谈话要点》，《邓小平文选》第3卷，人民出版社1993年版，第372页。

邓小平的一贯思想，他认为坚持社会主义制度，最根本的是要发展社会生产力，社会主义的优越性最终要体现在生产力能够更好地发展上。

党的十一届三中全会作出改革开放的历史性决策，把党和国家的工作重心转移到经济建设上来，坚持四项基本原则，从根本上就是要保证和促进生产力的发展。改革开放以来的实践证明，坚持生产力的标准，对中国经济的迅速发展，对人民物质文化生活水平的提高，对社会主义制度优越性的发挥起到了关键性的作用。

全面理解“三个有利于”的判断标准，要注重把握其整体性和统一性。“三个有利于”是有内在联系的统一整体，其中“生产力”是基础和前提，“综合国力”是生产力发展的体现，“人民生活水平”是生产力发展的最终结果和目的。“三个有利于”的判断标准既体现出生产力发展的导向，也体现出社会主义方向的政治标准和以人民为中心的价值标准。

“三个有利于”的判断标准回应了关于姓“社”姓“资”的抽象争论，是对社会主义建设发展规律认识的深化，成为检验改革开放各项事业、衡量各项具体工作成败得失的依据，为进一步解放思想、推动改革开放的深入、解放和发展社会主义生产力起到了重要的作用。

（二）计划和市场都是手段

计划和市场是发展经济的手段还是区别社会主义与资本主义的根本属性，搞清楚这个问题非常重要，这是改革能否继续深入的核心问题，对这个问题的不同回答决定改革的不同方向。

马克思主义的经典文本告诉我们，社会主义社会的基本特征是计划经济，而且，苏联作为第一个社会主义国家，实行的就是典型的计划经济，其他的社会主义国家也都参照苏联模式，建立了计划经济体制，人们想当然认为，计划经济是社会主义的根本特征，而市场经济属于资本主义，二者将社会主义与资本主义区分开来。但实际上，马克思主义关于社会主义实行计划经济的判断，其前提是社会主义建立在高度发达的基础上。在资本主义社会，资本的根本特性是逐利，而实现商品的价值必然通过市场，所以，人们也想当然地认为，市场是资本主义特征。

1979 年 11 月，邓小平在接见外国客人时就谈到市场经济与计划经济的关系，他说："说市场经济只存在于资本主义社会，只有资本主义的市场经济，这肯定是不正确的"，"社会主义也可以搞市场经济"。[①] 学习西方国家的经营管理方法来发展社会生产力，不会影响整个社会主义，也不会重新回到资本主义。这些认识突破了市场和计划二元对立的固有观念，为经济体制改革打开了新思路。

但随着改革开放的深入，姓"社"姓"资"的争论开始出现。一些观点认为计划经济才是社会主义的发展模式，市场是资本主义所特有的，搞市场经济就是搞资本主义，进而否定市场经济。理论是实践的先声，社会实践的发展需要正确的理论方向引导。1991 年 1 月至 2 月，邓小平视察上海，谈到改革开放和经济建设的方向时，提出了计划和市场都是手段的观点。他说："不要以为，一说计划经济就是社会主义，一说市场经济就是资本主义，不是那么回事，两者都是手段，市场也可以为社会主义服务。"[②] 在南方谈话中，邓小平进一步谈到市场与计划的关系，他指出："计划多一点

① 邓小平：《社会主义也可以搞市场经济》，《邓小平文选》第 2 卷，人民出版社 1994 年版，第 236 页。
② 邓小平：《视察上海时的谈话》，《邓小平文选》第 3 卷，人民出版社 1993 年版，第 367 页。

还是市场多一点，不是社会主义与资本主义的本质区别。计划经济不等于社会主义，资本主义也有计划；市场经济不等于资本主义，社会主义也有市场。计划和市场都是经济手段。”①

邓小平从计划和市场二者属性的角度，明确指出计划和市场是发展生产力的方法和手段，并不表示社会制度的对立，明确指出市场经济与社会主义建设不存在根本性的矛盾。邓小平对于计划与市场关系的认识，既是对社会主义经济发展理论的创新，也为实践提供了有效的指导。

（三）别无选择：社会主义市场经济

1992 年，党的十四大召开，这次大会宣布建立社会主义市场经济体制的改革目标。党的十四届三中全会明确了建立社会主义市场经济体制的重要问题，为市场经济的完善和发展确立了制度规范。

建立社会主义市场经济体制是不断满足人民日益增长的物质文化需要的必然结果，是我们解放思想的必然结果，是中国改革的必然结果，是我们党和国家一次重大的历史性选择。

中国改革的逻辑是，人民提出满足需要的要求，需求推动新的实践，新的实践要求往往突破旧体制和一些政策的限制，在人民群众局部的实践中，中央总结经验、解放思想、形成理论，制定新政策，形成新体制，这个过程逐步确立了社会主义市场经济体制。在这个不断改革和实践的过程中，直接的推动力量是人民满足需要的欲望，关键因素是我们党解放思想、实事求是，制定新政策、形成新体制。邓小平清楚地指明：“我们改革开放

① 邓小平：《在武昌、深圳、珠海、上海等地的谈话要点》，《邓小平文选》第 3 卷，人民出版社 1993 年版，第 373 页。

的成功，不是靠本本，而是靠实践，靠实事求是。农村搞家庭联产承包，这个发明权是农民的。农村改革中的好多东西，都是基层创造出来，我们把它拿来加工提高作为全国的指导。实践是检验真理的唯一标准。”[①]

我们不断将基层的实践经验总结、升华，废止旧制度，建立新制度，逐步建立社会主义市场经济体制。在总结农村大包干经验的基础上，1982年中央发布一号文件肯定了包产到户等集体经济的社会主义性质，制定了家庭联产承包责任制，将土地承包制扩大到全国，承包期不断延长。2002年，全国人大通过了《中华人民共和国农村土地承包法》。我们党以农村改革为起点，将改革推向全国，为社会主义市场经济体制的确立奠定了基础。

历史上比较重要的几次会议的主题勾勒出党领导我们进行改革的脉络。

党的十一届三中全会，否定了“两个凡是”，重新确立“解放思想，实事求是”的思想路线，作出把工作重心转移到经济建设上来的重大决策。

1982 年，党的十二大正式提出计划经济为主、市场经济为辅的改革要求。

1984 年，党的十二届三中全会通过了《中共中央关于经济体制改革的决定》，改革由农村走向城市，确立以公有制为基础的有计划的商品经济，实行“计划经济为主，市场调节为辅”的经济制度。

1987 年，党的十三大提出“社会主义有计划商品经济的体制应该是计划与市场内在统一的体制”的观点。

1992 年，党的十四大，明确提出建立社会主义市场经济体制的改革目标。

① 邓小平：《在武昌、深圳、珠海、上海等地的谈话要点》，《邓小平文选》第 3 卷，人民出版社 1993 年版，第 382 页。

1993 年，党的十四届三中全会召开，全会通过《中共中央关于建立社会主义市场经济体制若干问题的决定》，提出建立社会主义市场经济体制。

三、改革开放历史上的伟大创举

社会主义市场经济体制将社会主义基本制度和市场经济运行方式结合起来，是马克思主义理论与中国发展的现实相结合的创新性成果，是社会主义理论的创新和发展，在中国改革历史上具有里程碑意义。

（一）理论与实践结合的成功范例

马克思主义理论正是在改造世界的实践中得到确证和发展，社会主义市场经济体制是马克思主义理论中国化并与中国实际成功结合的典范。马克思主义揭示了人类社会发展的一般规律，它具有普遍性，要发挥它改造世界的功能，必须使其具体化并与社会革命和发展的现实相结合。中国共产党坚持实事求是的思想路线，不断把马克思主义与中国实际相结合，推动中国改革开放不断深化。

邓小平指出："马克思主义的真理颠扑不破。实事求是是马克思主义的精髓。要提倡这个，不要提倡本本。我们改革开放的成功，不是靠本本，而是靠实践，靠实事求是。……我读的书并不多，就是一条，相信毛主席讲的实事求是。过去我们打仗靠这个，现在搞建设、搞改革也靠这个。我们讲了一辈子马克思主义，其实马克思主义并不玄奥。马克思主义是很朴实的东西，很朴实的道理。”[①]

1978 年 12 月 13 日，邓小平在中共中央工作会议上发表题为《解放思想，实事求是，团结一致向前看》的著名讲话，高瞻远瞩地把解放思想与实事求是二者联结在一起，丰富了思想路线的内涵。1980 年 2 月 29 日，邓小平在党的十一届五中全会第三次会议上指出：“什么叫解放思想？我们讲解放思想，是指在马克思主义指导下打破习惯势力和主观偏见的束缚，研究新情况，解决新问题。”[②]解放思想是为了打破精神枷锁，破除思想僵化，研究新情况，解决新问题，从而达到新的实事求是。

1979 年 3 月，邓小平在党的理论工作务虚会上首次提出，要“走出一条中国式的现代化道路”[③]。此后，一系列的改革举措出台：一是在农村推行家庭联产承包责任制并取得良好效果；二是在城市掀起以建立、健全生产责任制为主要内容的经济体制改革，包括企业所有制结构、企业自主权、责任制及其形式方面的改革；三是明确提出反对平均主义，允许一部分人先富起来等收入分配改革；四是推行党和国家领导制度改革。

2017 年 2 月 16 日，《广安日报》刊载了新华社记者曾经对马来西亚前总理马哈蒂尔的专访，采访中，马哈蒂尔高度评价了邓小平的丰功伟绩。“马哈蒂尔说：‘邓小平是奉行实事求是原则的典范，他制定了符合中国国情的改革开放政策，使中国的面貌发生了巨大变化。’言谈之间，可以强烈地感受到邓小平心中装的是如何发展中国经济，如何使中国强大起来，如何提高中国

① 邓小平：《在武昌、深圳、珠海、上海等地的谈话要点》，《邓小平文选》第 3 卷，人民出版社 1993 年版，第 382 页。
② 邓小平：《坚持党的路线，改进工作方法》，《邓小平文选》第 2 卷，人民出版社 1994 年版，第 279 页。
③ 邓小平：《坚持四项基本原则》，《邓小平文选》第 2 卷，人民出版社 1994 年版，第 163 页。

人民的生活水平。邓小平是使中国走上强盛之路的功臣。他说：‘制定中国改革开放政策是邓小平奉行实事求是原则的体现。’”[①] 邓小平深刻了解中国国情和世界现状，从实际出发，实事求是地总结了中国经济建设的经验与教训，大胆借鉴西方国家发展经济的有益经验，大力引进外国资金、先进技术和管理经验，推动中国经济体制改革，创造了一条有中国特色的经济发展道路。

（二）促进了生产力发展，提高了人民生活水平

中国改革首要任务是解决发展问题。1988 年 5 月 25 日，邓小平在会见捷克斯洛伐克共产党中央总书记雅克什时指出：“中国解决所有问题的关键是要靠自己的发展。”[②] 发展是社会主义的本质要求，“发展才是硬道理”。在邓小平看来，经济发展关系到社会主义本质和社会主义制度优越性的问题。邓小平指出，社会主义的本质要求达到共同富裕，而实现共同富裕的基础和途径，首要的就是要发展经济，发展社会生产力。“社会主义制度优于资本主义制度。这要表现在许多方面，但首先要表现在经济发展的速度和效果方面。”[③]

南方谈话

1992 年 1 月 17 日，一列没有编排车次的火车驶出北京，开向南

① 《马哈蒂尔：邓小平是奉行实事求是原则的典范》，《广安日报》2017 年 2 月 16 日。

② 邓小平：《思想更解放一些，改革的步子更快一些》，《邓小平文选》第 3 卷，人民出版社 1993 年版，第 265 页。

③ 邓小平：《目前的形势和任务》，《邓小平文选》第 2 卷，人民出版社 1994 年版，第 251 页。

方。这趟专列的主人公，是改革开放的总设计师邓小平。

在国内国外的复杂情势下，已是耄耋之年的邓小平依旧时刻心系中国的发展，思考着中国的未来。邓小平此次南方之行的主要目的地是广东，出发前并没有同各省打招呼，除在广东外，他在沿途的武昌、长沙、江西、上海、南京等地发表了重要的讲话，史称“南方谈话”。

邓小平南行的第一站是武昌，列车在武昌站停留了20分钟。邓小平一边在站台上散步，一边同赶来迎接的湖北省委书记关广富、省长郭树言交谈。他提到，现在有一个问题，就是形式主义太多，应当腾出时间来多办实事。此外他还告诫湖北省的主要负责同志，“发展才是硬道理”，必须坚持社会主义，坚持改革开放，发展经济，改善人民生活。

第二站是长沙。18日下午，列车驶进长沙火车站，停留10分钟。邓小平接见湖南省委书记熊清泉等人，邓小平下车散步并进行交谈。邓小平对于湖南省实事求是、从实际出发的工作情况给予肯定，并特别强调，“要抓住机遇，现在就是好机遇。改革开放的胆子要大一点，经济发展要快一些，总要力争几年上一个台阶。”

1月19日上午9时，专列抵达深圳火车站，这是邓小平时隔八年之后再次来到深圳。在乘车游览的过程中，邓小平目睹深圳发生的巨大变化，欣喜不已：当年的水田、村舍、乡间小道如今变成了现代化的都市，当年邓小平曾造访的地标性建筑国商大厦，如今已淹没在市区数不清的高楼大厦之中，特区到处是一片繁荣兴旺、生机勃勃的景象……

在听取广东省市负责同志的工作汇报后，邓小平对特区的建设和发展给予了高度的评价，并特别强调特区姓“社”不姓“资”，改革开放胆子要大一些，要敢于试验，同时抓好物质文明和精神文明两个文明的建设，体现出社会主义制度的优越性。在深圳，邓小平提出了共同富裕的思想，强调社会主义的本质是解放和发展生产力，要消灭剥削，消除两极分化，最终实现共同富裕，应当先富带动后富。

春节前夕，邓小平抵达上海，并在此度过农历新年。在上海，邓小平视察了生产企业，观赏了黄浦江两岸的景色，还在商场为家人挑选购买了礼物。在接见上海市主要负责同志吴邦国、黄菊时，邓小平强调，上海一定要抓住发展机遇，浦东的开发是只能进、不能退，而且也没有退路。一定要使浦东发生大的变化，搞得好一点，现代化一点，起点高一点，后来居上，他相信这一点。在上海期间，邓小平再次强调改革开放胆子要大一点，要敢于试，大胆地试，大胆地闯。

2月20日，邓小平从上海启程返回北京。

中国的改革取得了成功，中国实现了从站起来到富起来的伟大跨越。改革开放的40年是中国历史上发展最快的40年，特别是社会主义市场经济体制建立以来，中国发生了翻天覆地的变化。从1978年到2017年，我国经济社会发展主要数据变化是：国内生产总值总量从1978年的3679亿元提高到82.7万亿元，人均国内生产总值从381元提高到59660元，城镇化率从17.92%提高到58.52%，世界500强企业从0增加到115个，居民消费水平从1057元提高到22902元，人均可支配收入从343元增加到25974元，恩格尔系数从接近60%降低到29.3%，人均居住面积从3.6平方米增加到40.8平方米，人均预期寿命从65.9岁延长到76.5岁，高校数量从598所增加到2914所，高铁里程从0增加到2.5万公里，贫困人口从7.7亿人减少到3046万人。

在改革开放的过程中，我们始终坚持党的初心和使命，即为中国人民谋幸福、为中华民族谋复兴，以人民为中心推进改革和发展。邓小平认为："为国家创造财富多，个人的收入就应该多一些，集体福利就应该搞得好一些。不讲多劳多得，不重视物质利益，对少数先进分子可以，对广大群众不行，一段时间可以，长期不行。革命精神是非常宝贵的，没有革命精神就没有革命行动。但是，革命是在物质利益的基础上产生的，如果只讲牺牲精神，不讲物质利益，那就是唯心论。"[①]"要允许一部分地区、一部分企业、一部分工人农民，由于辛勤努力成绩大而收入先多一些，生活先好起来。一部分人生活先好起来，就必然产生极大的示范力量，影响左邻右舍，带动其他地区、其他单位的人们向他们学习。这样，就会使整个国民经济不断地波浪式地向前发展，使全国各族人民都能比较快地富裕起来。"[②]所以，我们一切工作的标准就是人民拥护不拥护、赞成不赞成、高兴不高兴、答应不答应。习近平不管是在地方还是在中央工作，始终坚持这一点。2007年，曾有记者要求习近平为自己在浙江的5年打分。习近平微微一笑："我怎么可以给自己打分？打高了别人说我骄傲，打低了别人说我自卑。"他认为，这个分数应该由老百姓来打。官员关键是要为民做事，而百姓心中自有一杆秤。

① 邓小平：《解放思想，实事求是，团结一致向前看》，《邓小平文选》第2卷，人民出版社1994年版，第146页。

② 邓小平：《解放思想，实事求是，团结一致向前看》，《邓小平文选》第2卷，人民出版社1994年版，第152页。

改革开放以来，特别是社会主义市场经济建立以来，人民生活水平显著改善，已经从贫穷到温饱，基本实现小康社会，我们正在全面建成小康社会。人民的需要从不断增长的物质文化生活需要转变为美好生活需要，需要的层次更高了，内容更丰富了。

（三）科学社会主义的新活力

党的十九大报告指出："中国特色社会主义进入新时代，意味着近代以来久经磨难的中华民族迎来了从站起来、富起来到强起来的伟大飞跃，迎来了实现中华民族伟大复兴的光明前景；意味着科学社会主义在21世纪的中国焕发出强大生机活力，在世界上高高举起了中国特色社会主义伟大旗帜；意味着中国特色社会主义道路、理论、制度、文化不断发展，拓展了发展中国家走向现代化的途径，给世界上那些既希望加快发展又希望保持自身独立性的国家和民族提供了全新选择，为解决人类问题贡献了中国智慧和中国方案。"

100多年前，苏联的社会主义革命将科学社会主义理论变为现实，在世界上建立了第一个社会主义国家。但70年之后，"苏联模式"的社会主义走到了尽头。中国共产党带领人民开始了新的探索和实践，在重新阐释、准确把握马克思主义的前提下，不断发展马克思主义，将马克思主义中国化、时代化、大众化。社会主义市场经济体制正是马克思主义中国化、时代化、大众化的成果，是马克思主义发展过程中的创新性成果，是科学社会主义实践中的新成就，它充分显示了科学社会主义的强大生命力和现实活力。习近平总书记指出："实践证明，马克思主义的命运早已同中国共产党的命运、中国人民的命运、中华民族的命运紧紧连在一起，它的科学性和真理性在中国得到了充分检验，它的人民性和实践性在中国得到了充分贯彻，它的开放性和时代性在中国得到了充分彰显！”[①]

在人类社会发展过程中，发展中国家、后发展的国家常常借鉴，甚至模仿、照搬发达国家的发展经验、发展模式，而忽视了本国国情和现实发展要求。20 世纪，东欧国家都照搬了苏联社会主义模式，最终导致“东欧剧变”的厄运。一些阿拉伯国家、中东国家曾照搬西方的民主自由制度，导致“阿拉伯之春”运动发生，国家最后进入动荡不安的境地。

中国改革开放的成就，特别是社会主义市场经济体制的成功实践，彰显了中国智慧，中国为世界贡献了中国方案，给世界发展中国家以有益启示——不能盲目照搬别的国家，即使是发达国家的发展模式。必须遵循人类社会发展规律，从本国国情出发，探索适合自己的发展道路、发展模式。

延伸阅读

1. 邓小平：《在武昌、深圳、珠海、上海等地的谈话要点》，《邓小平文选》第 3 卷，人民出版社 1993 年版。

2. 邓小平：《社会主义也可以搞市场经济》，《邓小平文选》第 2 卷，人民出版社 1994 年版。

3. 习近平：《在民营企业座谈会上的讲话》，《人民日报》2018 年 11 月 2 日。

4.《中共中央关于全面深化改革若干重大问题的决定》，人民出版社 2013 年版。

① 习近平：《在纪念马克思诞辰 200 周年大会上的讲话》，《人民日报》2018 年 5 月 5 日。

1. 计划和市场作为资源配置的手段，各自的特点是什么？有何优点和不足？如何在社会主义市场经济的实践中将二者更好地结合？

2. 中国的现代化历史发展进程有何特点？

3. 改革与开放二者之间是怎样的互动关系？

◀ 第七章

战略步骤：分“三步走”实现社会主义现代化

改革开放之路，就是探索如何走出贫穷落后之境、实现社会主义现代化之路。可是，“如何走”却成了改革开放之初摆在党和亿万人民群众面前的一个现实性的课题。我国改革开放的总设计师邓小平根据生产力发展要求，从人民群众的意愿和利益出发，提出了“三步走”的战略部署。它是我国社会主义初级阶段明晰国情、从实际出发的必然选择，是为实现中华民族百年图强的宏伟目标作出的积极稳妥的科学规划，是中国共产党探索社会主义建设规律的重大成果。

一、真实写照：深陷贫穷落后的旋涡

2017 年 11 月 13 日，美国《时代》周刊亚洲版的封面耐人寻味。象征着五星红旗的红黄底色上用中文和英文两种语言写着“中国赢了”，醒目的字眼让世人感到震撼。但是，当我们把视线拉回改革开放前后，看到的却是对比鲜明的景象。1976 年 10 月，“四人帮”被粉碎了，“文化大革命”结束了，但计划经济体制的缺陷、落后思想观念的阻塞，导致中国陷于生产力水平低下、经济发展滞后的旋涡。当时中国人民的生活、国家的经济只能用一个刺眼的字来形容：穷！

（一）全中国人民一样穷

1978 年，中国是一个贫穷落后的国家。按照世界银行统计指标，当时我国人均国内生产总值仅有 156 美元，而惯常认为世界上最贫困地区撒哈拉沙漠以南的非洲国家人均国内生产总值是 490 美元；与世界上其他贫困国家相比，中国 81% 的人口居住在农村，84% 的人口处在每天 1.25 美元的国际贫困线以下。中国人民穷到吃不饱、穿不暖，贫穷成了全中国人民的一致标签。

票证折射出岁月的痕迹，更见证了中国过去的贫穷。计划经济时期，物资极为匮乏，国家为了保证供需平衡，对城乡居民的生活必需品，实行按计划供应，按人口定量发行粮票、油票、煤票、布票等专用购买凭证，各式各样的票证成了人民生活的保证，票证给那个年代烙上了特殊而鲜明的印记。

当时的中国，几乎人民生活的主要商品都是凭票供应。粮票不是任何人都能得到的“免费餐券”，只有城市居民才能获得每个月 20—40 斤的粮食指标，农村人压根儿是没有粮票的，几亿人民有饭吃就成了摆在党和国家面前的一大难题。有一些新生孩子的家庭由于没有布票买布做衣服，不得不用床单把孩子裹住从产房抱回家。随处可见的是穿打补丁衣服的人，裤膝、裤臀部缝补得密密麻麻，一圈又一圈，就像打靶场上的标靶一样……当时由于经济水平低下，物资匮乏，人们买衣服不仅要凭布票购买，且数量有限，款式色彩单一，中山装几乎是当时中国男人的标配，全国上下几乎是一片“灰色和蓝色的海洋”。

安徽凤阳小岗村是中国农村改革的缩影，更是当时中国贫穷村的典型。小岗村地理环境恶劣，十年九荒。1976年，小岗村全年人均口粮仅230斤，人均收入32元，冬春之际，身处窘境的小岗村村民迫于无奈只能再次选择外出唱花鼓戏，以讨饭为生。当时传唱的凤阳花鼓词生动形象地唱出了那段令人不忍回忆的艰苦岁月："泥巴房，泥巴床，泥巴囤里没有粮，一日三餐喝稀汤，正月出门去逃荒。""凤阳地多不打粮，磙子一住就逃荒。只见凤阳女出嫁，不见新娘进凤阳。"因此，小岗村因外出要饭而"闻名"，也是著名的"吃粮靠返销，用钱靠救济，生产靠贷款"的"三靠村"。

（二）亚洲经济洼地

与西方发达国家相比较，中国更显示出差距。20世纪70年代，西方发达国家抓住国际环境相对稳定、现代科学技术迅速发展的重要机遇期，为本国经济发展注入源源不断的活力。中国周边的日本、韩国、新加坡等，也是加快步子，发展自己。处于动乱中的中国错失了发展良机，国民经济遭到重创，拉大了同西方发达国家和周边地区的差距，沦为和其他大国地位极不相称的"亚洲经济洼地"。

1978年，我国掀起了出国考察热潮，出国考察一行让谷牧等人真切体会到西方发达国家、日本等周边国家现代化发展速度之快，人民生活水平之高。回望国内，巨大的发展落差和贫富悬殊让谷牧等人非常震撼。谷牧大发感慨："过去，'四人帮'搞闭关锁国，夜郎自大，吹嘘什么都是天下第一，什么都是我们的好，走出国门一看，完全不是那么回事！"日本著名的丰田汽车制造厂，在1978年拥有职工4万余人，即使加上直接协作的工厂也不过15万人，年汽车产量高达270万辆。而中国当时最先进的长春汽车厂年汽车产量仅有 6 万辆。1950 年的日本国民生活困难，仅有大米饭、大酱汤、咸菜，但却能满足温饱。从 1955 —1976 年，日本仅用 20 多年的时间实现了国民生产总值增长了 4.8 倍，1978 年达到近 1 万亿美元，位居世界第二位，仅次于美国。而当时中国的经济总量仅占全球的 1.8%，解决人民温饱问题都是最棘手的问题。当时西欧五国工人工资都相当高，城市人均住房约 30 平方米，农民的生活水平与工人几乎没有差别。而中国城市人均住房 3.6 平方米，还有近 3 亿农民挨饿受冻，温饱得不到满足，更不用说电视机、电冰箱等家用电器，很多人更是从未见过。

（三）中国不发展只有死路一条

马克思在《〈黑格尔法哲学批判〉导言》中指出：“理论在一个国家实现的程度，总是取决于理论满足这个国家的需要的程度。”[①] 理论只有植根现实的土壤，才会迸发无穷的生命力。中国走现代化发展道路，实施“三步走”发展战略是其内在基因突变和发展需要的结果。

面对国内经济落后、人民生活贫穷的状况，中国共产党人必须制定符合自身国情的经济发展战略，解放和发展生产力，不断解决人民温饱问题，满足人民迫切需要，摘掉贫穷落后的帽子。邓小平语重心长地说，我们太穷了，太落后了，老实说对不起人民。我们现在必须发展生产力，改善人民生活条件。中国人民确实好，房子少，几代人住在一个房子里，究竟能忍耐多久。我们要想一想，我们给人民究竟做了多少事情呢？

面对综合实力衰微的落后现象，中国共产党必须选择一条确保中国经

① 马克思：《〈黑格尔法哲学批判〉导言》，《马克思恩格斯选集》第 1 卷，人民出版社 2012 年版，第 11 页。

济迅速发展的道路，提升综合国力和国际竞争力，走出经济发展落后的怪圈。中国改革开放的总设计师邓小平深刻认识到：中国不发展只有死路一条。他敏锐地指出："当前世界上主要有两个问题，一个是和平问题，一个是发展问题。和平是有希望的，发展问题还没有得到解决。人们都在讲南北问题很突出，我看这个问题就是发展问题。我曾多次对一些外国朋友讲，这个问题要从人类发展的高度来认识。"[①] 邓小平对于时代主题的正确认识，深刻阐明了我国当时面临的机遇和挑战。中国必须抓住时代脉搏，迅速发展自己，否则就会再次上演"落后就要挨打"的历史悲剧。

二、精心绘制"三步走"发展时间表

恩格斯指出："每一时代的理论思维，包括我们这个时代的理论思维，都是一种历史的产物，它在不同的时代具有完全不同的形式，同时具有完全不同的内容。"[②] 任何一种理论思维都是其所处时代精神的精华，但同时需要建立在已有的、既定的、现实的思想材料基础之上，并经过自身长期的酝酿和艰辛的孕育最终方能问世。邓小平立足国情，放眼未来，在科学把握社会主义建设的内在规律、认真总结国内外现代化建设的经验教训基础上，为我国经济健康持续发展精心绘制了"三步走"战略"任务书"，为党和人民勾勒了明确具体、实际可行的社会主义现代化建设"路线图"。

① 邓小平：《以和平共处五项原则为准则建立国际新秩序》，《邓小平文选》第 3 卷，人民出版社 1993 年版，第 281 页。

② 恩格斯：《自然辩证法》，《马克思恩格斯选集》第 3 卷，人民出版社 2012 年版，第 873 页。

（一）历时八载，形成“三步走”战略新构想

“三步走”战略构想的形成，不是一拍脑袋的热情，也不是一时的盲目冲动，而是依据中国的现实国情和复杂的国际形势，经过长期的酝酿和沉淀而形成的。

实现四个现代化，把我国建设成为社会主义现代化强国，是中国共产党人的雄心壮志，是中华民族矢志不渝的奋斗目标。那么，什么是现代化？我们与世界现代化的差距有多大？

1979 年 10 月 4 日，邓小平在一次座谈会上指出：“所谓政治，就是四个现代化。我们开了大口，本世纪末实现四个现代化。后来改了个口，叫中国式的现代化，就是把标准放低一点。特别是国民生产总值，按人口平均来说不会很高。”[①]依据澳大利亚的数据资料统计，1977 年人均国民生产总值世界前五位依次是：科威特 1.1 万美元，瑞士 1 万美元，瑞典 9400 多美元，挪威 8800 多美元，美国 8700 多美元。当时，我国国民生产总值人均大概不到 300 美元。邓小平深刻认识到，要提高两三倍并不容易，即使提高两三倍，我们与世界现代化水平仍有很大的差距，对于我国的现代化目标必须慎重认识。

1979 年 12 月 6 日，日本首相大平正芳访华，当他提出“中国在本世纪末实现四个现代化意味着什么”时，邓小平沉思了一分钟缓缓作答：“我们要实现的四个现代化，是中国式的四个现代化。我们的四个现代化的概念，不是像你们那样的现代化的概念，而是‘小康之家’。到本世纪末，中国的四个现代化即使达到了某种目标，我们的国民生产总值人均水平也还是

① 邓小平：《关于经济工作的几点意见》，《邓小平文选》第 2 卷，人民出版社 1994 年版，第 194 页。

很低的。要达到第三世界中比较富裕一点的国家的水平，比如国民生产总值人均一千美元，也还得付出很大的努力。就算达到那样的水平，同西方来比，也还是落后的。所以，我只能说，中国到那时也还是一个小康的状态。”[①] 此次访谈是邓小平第一次用“小康”“小康之家”的概念描述中国式的四个现代化。

党的十二大以后，“到 20 世纪末翻两番、奔小康”成为人们心中未来小康生活的美好憧憬和壮美蓝图。然而，小康目标是否真正符合中国实际？是否能够如期达成？为了验证这一战略目标，邓小平登上了驶向江南的列车。

“上有天堂，下有苏杭”。苏杭地区地处长江三角洲，背靠上海，历来发展快速，比较富庶。1983 年 2 月，北方地区还是春寒料峭，江南地区则是春意盎然，庭院垂柳吐露新芽，迎春花含苞待放，邓小平的到来更为其增添了浓浓春意和喜气洋洋的气息。

1983 年 2 月 7 日，邓小平刚抵达苏州，征尘未洗，就急于召开座谈会了解当地情况。谈话中，邓小平问：“到 2000 年，江苏能不能翻两番？”“苏州有没有信心，有没有可能？”“自 1976 年至 1982 年，六年的时间全省工农业总产值就翻了一番。照这样的速度，就全省而言，用不了 20 年，就能实现翻两番。而苏州是江苏省经济最发达的地方，到 1995 年就能实现翻两番的目标。”江苏同志的回答让邓小平脸上露出了满意而自信的微笑，并频频点头表示赞许。他又问道：“人均 800 美元，达到这样的水平，社会上是一个什么面貌？发展前景是什么样子？”江苏同志根据苏州

① 邓小平：《中国本世纪的目标是实现小康》，《邓小平文选》第 2 卷，人民出版社 1994 年版，第 237 页。

的具体实践进行了描述：第一，人民吃穿问题解决了，基本生活有了保障；第二，住房问题解决了，人均面积20平方米；第三，就业问题解决了，基本上消灭待业现象；第四，农村人总想往城市跑的情况改变了；第五，教育、文化等各项公共事业有能力安排了；第六，人民精神面貌改变了，犯罪率下降了。听着江苏同志的激动人心的描述，邓小平心中充满了希望，看到了实现社会主义现代化的光明前景。

2月9日，邓小平从苏州辗转到杭州。他刚从车上下来就兴致勃勃地把江苏同志实现“翻两番”发展目标的信心讲给了浙江负责人，并问浙江负责人是否有信心实现“翻两番半”或“三番”的发展目标。浙江负责人表示非常有信心并对如何实现这一目标的具体措施和保障进行了详细汇报。江南一行，让邓小平对到2000年实现工农业年总产值比1980年“翻两番”的发展目标充满信心并满怀希望。

时光不负赶路人。经过几年不懈奋斗，中国的经济得到了快速发展。邓小平看到了中国这头雄狮阔步向前的勇气和积蓄已久的力量，他深信20世纪末完全可以实现小康社会的发展目标，于是他又把目光投向了21世纪中叶，移向了更远的未来。他深情地说，我们虽然活不到那个时候，但有责任提出那个时候的目标。

1987年4月30日，邓小平在会见西班牙客人时说：“我们原定的目标是，第一步在八十年代翻一番。以一九八〇年为基数，当时国民生产总值人均只有二百五十美元，翻一番，达到五百美元。第二步是到本世纪末，再翻一番，人均达到一千美元。实现这个目标意味着我们进入小康社会，把贫困的中国变成小康的中国。那时国民生产总值超过一万亿美元，虽然人均数还很低，但是国家的力量有很大增加。我们制定的目标更重要的还是第三步，在下世纪用三十年到五十年再翻两番，大体上达到人均四千美元。做到这一步，中国就达到中等发达的水平。这是我们的雄心壮志。目标不高，但做起来可不容易。”[①]

同年 8 月 29 日，邓小平会见意大利共产党领导人时谈道：“我国经济发展分三步走，本世纪走两步，达到温饱和小康，下个世纪用三十年到五十年时间再走一步，达到中等发达国家的水平。这就是我们的战略目标，这就是我们的雄心壮志。”[②] 实现中国的现代化和中华民族的真正崛起一直是这位中国老人魂牵梦绕的事情。

在这两次谈话中，邓小平第一次明确提出“分三步走”的发展战略和“达到中等发达国家水平”的宏伟前景，至此，其关于“分三步走”实现社会主义现代化的发展战略构想最终形成。1987 年，党的十三大将“三步走”的战略系统地概括为：第一步，实现国民生产总值比 1980 年翻一番，解决人民的温饱问题。这个任务已基本上实现。第二步，到 20 世纪末，使国民生产总值再增长一倍，人民生活达到小康水平。第三步，到 21 世纪中叶，人均国民生产总值达到中等发达国家的水平，人民生活比较富裕，基本上实现现代化。

（二）科学布局，赋予“三步走”战略新寓意

战略步骤是一定历史时期党的总任务、总要求的具体化。“三步走”战略是对我国实现社会主义现代化发展目标进行的科学布局和合理规划，有

① 邓小平：《吸取历史经验，防止错误倾向》，《邓小平文选》第 3 卷，人民出版社 1993 年版，第 226 页。

② 邓小平：《一切从社会主义初级阶段的实际出发》，《邓小平文选》第 3 卷，人民出版社 1993 年版，第 251 页。

着丰富的内涵和意蕴。

第一，“三步走”战略是坚持以经济建设为中心的发展战略。党的十一届三中全会将“以阶级斗争为纲”转向“以经济建设为中心”上来，“以经济建设为中心”是解决温饱问题、进入小康社会和达到中等发达国家水平的有力手段和有效保障。因此，必须紧紧抓住这个中心，加紧经济建设，加快四个现代化建设，以确保我国经济发展战略的顺利实现。邓小平指出：“现在要横下心来，除了爆发大规模战争外，就要始终如一地、贯彻始终地搞这件事，一切围绕着这件事，不受任何干扰。”[①]

第二，“三步走”战略是兼顾生产和生活，把发展国民经济同改善人民生活统一起来的发展战略。邓小平在总结以往经验教训的基础上，从满足人民的迫切需要出发，以社会生产力水平和人民生活水平为标志划分社会主义建设的战略步骤以及每一步的发展目标。第一步，在经济发展方面，国民生产总值比 1980 年翻一番，在人民生活方面，是解决温饱问题；第二步是，2000 年人均国民生产总值比 1990 年翻一番，在人民生活方面达到小康水平；第三步，达到中等发达国家的水平，实现人民生活比较富裕状态。兼顾生产和生活，体现科学性和人民性的“三步走”战略能够把广大人民的积极性、主动性和创造性调动起来，为实现社会主义现代化建设不懈努力。

第三，“三步走”战略是坚持中国自己的道路不照搬外国经验的发展战略。中国国情十分特殊，存在人口多、底子薄，生产力发展水平低，生产技术落后，农村人口众多等一系列问题，这些问题都是世界上许多国家从

① 邓小平：《目前的形势和任务》，《邓小平文选》第 2 卷，人民出版社 1994 年版，第 249 页。

未遇到过的，因此，他们成功的发展经验和发展模式在中国实施就难以奏效。“我们的现代化建设，必须从中国的实际出发。无论是革命还是建设，都要注意学习和借鉴外国经验。但是，照抄照搬别国经验、别国模式，从来不能得到成功。”[①] 习近平总书记说，鞋子合不合脚，自己穿了才知道，在建设社会主义现代化的征程中，不能照搬照抄别国，要坚定不移地走自己的路。

（三）密切联系，推进“三步走”战略新时序

“三步走”战略部署之间既有差别性，又有同一性。三个发展阶段承上启下，有机联系，不可分割。

“三步走”战略部署的差别性体现为，在每一发展阶段的具体要求、具体任务和发展目标不尽相同。但是每一发展阶段又不是孤立割裂的存在，而是密切联系、有机统一的。一方面，三个发展阶段由低到高，循序渐进，互相衔接。前一发展阶段是后一发展阶段的基础和前提，后一发展阶段是前一发展阶段的进步和超越。“三步走”战略部署的第一步即要实现国民生产总值比 1980 年翻一番，解决人民的温饱问题，这一步是基础阶段、必要前提，其实现为第二步做了充分的准备。邓小平在 1982 年指出：“二十年是从一九八一年算起，到本世纪末。大体上分两步走，前十年打好基础，后十年高速发展。”[②]“长远规划的关键，是前十年为后十年做好准备。”[③] 第二步即到 20 世纪末，实现国民生产总值再翻一番，人民生活达到小康水平，

① 邓小平：《中国共产党第十二次全国代表大会开幕词》，《邓小平文选》第 3 卷，人民出版社 1993 年版，第 2 页。
② 邓小平：《一心一意搞建设》，《邓小平文选》第 3 卷，人民出版社 1993 年版，第 9 页。
③ 邓小平：《前十年为后十年做好准备》，《邓小平文选》第 3 卷，人民出版社 1993 年版，第 16 页。

这一步是过渡阶段，也是关键阶段、必经阶段。第二步巩固了第一步发展取得的成就，同时为第三步战略目标的实现铺平了道路。邓小平强调：“三步走的关键在第二步，第二步为第三步打基础。”[①] 第三步即到21世纪中叶，人均国民生产总值达到中等发达国家水平，人民生活比较富裕，基本实现社会主义现代化，这一步是最终阶段、必然趋势。第三步的实现建立在前两步的发展成就的基础之上，同时也是前两步发展的长远指向。另一方面，“三步走”战略是阶段性和长远性的统一，每一步既是过程也是目标，且内在统一于实现社会主义现代化这一宏伟目标。

三、百年图强：实现社会主义现代化

实现社会主义现代化是中华民族百年图强的奋斗目标。这一远大目标的实现不是一日之功，而需百年征程；这一宏伟蓝图的绘就不可能一蹴而就，而要求真务实，真抓实干，采取具体措施和有力抓手，一步一个脚印，一步一个台阶，只有这样，才能走得更踏实、更坚定、更长远。

那么，蓝图已绘就，目标已确立，该从何处着手呢？邓小平高瞻远瞩，实事求是地提出了实现社会主义现代化的具体战略和发展路径。

① 邓小平：《改革开放政策稳定，中国大有希望》，《邓小平文选》第3卷，人民出版社1993年版，第321页。

（一）以重点带动全局

矛盾的观点是马克思主义哲学的内在精髓，是唯物辩证法的重要内容。马克思主义认为，在复杂的矛盾体系中，主要矛盾起着主导作用，对其他矛盾有着决定意义。这要求我们要厘清主流，分清支流，抓住主要矛盾，不忽略次要矛盾，顾全整体但有序对待。为了更好地实现“三步走”战略，邓小平提出了以重点带动全局的战略思想。邓小平指出：“战略重点，一是农业，二是能源和交通，三是教育和科学。”①

1. 农业是国民经济发展的基础

邓小平指出：“农业搞不好，工业就没有希望，吃、穿、用的问题也解决不了。”② 农业为工业和非农产业提供大量的原材料和食物，同时，工业的发展需要依赖于农村这一广阔市场。农业不发展，农村不发展，农民不富裕，工业市场就得不到满足，工业也不会蓬勃发展。因此，农业问题绝不是一个局部问题，而是事关全局的重大问题。可以说，没有农业的现代化，就没有工业的现代化，没有中国的现代化。

2. 能源是工业生产的血液，交通是国民经济的命脉

邓小平指出：“真想搞建设，就要搞点骨干项目，没有骨干项目不行。”③ 能源和交通都属于基础工业，是现代化发展的基本物质条件，但也是我国经济发展极为薄弱的环节和制约经济进步的“瓶颈”。“基础工业，无非是原材料工业、交通、能源等，要加强这方面的投资，要坚持十到二十

① 邓小平：《一心一意搞建设》，《邓小平文选》第 3 卷，人民出版社 1993 年版，第 9 页。
② 邓小平：《怎样恢复农业生产》，《邓小平文选》第 1 卷，人民出版社 1994 年版，第 322 页。
③ 邓小平：《前十年为后十年做好准备》，《邓小平文选》第 3 卷，人民出版社 1993 年版，第 16 页。

年，宁肯欠债，也要加强。”[1]

3. 教育和科学是国民经济的关键

邓小平指出：“不抓科学、教育，四个现代化就没有希望，就成为一句空话。”[2] 农业、能源和交通最终都有赖于教育和科学的发展进步。现代化最根本的是科学技术的现代化，没有科学技术的高速发展，就没有现代化的最终实现。百年大计，教育为本。发展科学技术不抓教育不行，教育是经济振兴和民族振兴的大事，科学的进步，经济的振兴，说到底要靠劳动者素质的提高和优秀人才的培养，要大力发展教育科学，尊重教育，培养人才，不断提升国民素质，加快现代化建设进程。

（二）隔几年上一个台阶

唯物辩证法告诉我们，一口不能吃成个胖子，只有足够量的累积才能实现质的突破和飞跃。罗马不是一日建成的，社会主义现代化建设也非一日之功，一路坦途，要隔几年上一个台阶，持续推进，稳步进行。邓小平指出：“我们经济发展规律还是波浪式前进。过几年有一个飞跃，跳一个台阶，跳了以后，发现问题及时调整一下，再前进。”[3]

从国内发展状况而言，经济发展隔几年一个台阶是必要的，也是能够办到的。贫穷不是社会主义，发展太慢也不是社会主义。这就要求我们要抓住机遇，发展自己，争取隔几年使国民经济上一个台阶。1984 年，城市

① 邓小平：《在接见首都戒严部队军以上干部时的讲话》，《邓小平文选》第 3 卷，人民出版社 1993 年版，第 307 页。
② 邓小平：《教育战线的拨乱反正问题》，《邓小平文选》第 2 卷，人民出版社 1994 年版，第 68 页。
③ 邓小平：《总结经验，使用人才》，《邓小平文选》第 3 卷，人民出版社 1993 年版，第 368 页。

改革拉开序幕。从1984年到1988年的五年间，我国经济发展较快。温饱对农民而言不再成为问题，农民口袋鼓起来了，收入增加了，生活水平改善了，自行车、收音机、缝纫机、手表“四大件”和一些高档消费品也逐渐进入寻常百姓家。钢铁、水泥等生产资料也大幅提高，工业得到快速发展，国民经济上了一个新台阶。

从国际发展经验来看，经济发展隔几年上一个台阶是必要的，也是能够办到的。日本的“神武景气”、东南亚的惊人速度等，启示和激励着中国要充分利用国内国际的有利条件，抓住机遇，加快发展自己。邓小平说：“现在，周边一些国家和地区经济发展比我们快，如果我们不发展或发展得太慢，老百姓一比较就有问题了……低速度就等于停步，甚至等于后退。”[①]这有力说明了我国要加快发展的必要性。但是，这并不是鼓励不切实际的高速度，经济发展依旧要讲求效益、协调稳步、扎扎实实地渐进发展。

（三）让一部分人先富起来

唯物辩证法认为，矛盾是推动事物发展的根本动力，有差别的存在是矛盾产生的前提，有差别才能更好地激发生产和创造活力。为了更好地实现社会主义现代化，必须允许和鼓励一部分人和一部分地区先富起来，逐步达到共同富裕。邓小平说：“过去搞平均主义，吃‘大锅饭’，实际上是共同落后，共同贫穷，我们就是吃了这个亏。”[②]

然而，在先富带动后富的过程中，产生了地区差距和贫富差距问题，

① 邓小平：《在武昌、深圳、珠海、上海等地的谈话要点》，《邓小平文选》第3卷，人民出版社1993年版，第375页。
② 邓小平：《拿事实来说话》，《邓小平文选》第3卷，人民出版社1993年版，第155页。

一些人就对邓小平提出的“允许一部分地区、一部分人先富起来，先富带动后富，逐步实现共同富裕”的发展战略心生疑虑，认为这样的理念和政策会造成两极分化。邓小平尖锐地指出：“社会主义的目的就是要全国人民共同富裕，不是两极分化。如果我们的政策导致两极分化，我们就失败了；如果产生了什么新的资产阶级，那我们就真是走了邪路了。”[①]实践和事实充分证明：邓小平的决策和我们的路子是完全正确的。

让一部分人、一部分地区先富起来，逐步实现共同富裕的发展战略，是反对平均主义、实行按劳分配原则的必然结果。“吃大锅饭”、搞平均主义，人们干多干少一个样，要穷都穷，要富都富，这样的分配方式是“惯坏了懒汉，气坏了好汉”，严重挫伤干得好的人、发展得快的地区的生产劳动积极性。要发展，要改革，首先就要打破大锅饭，打破平均主义，按照劳动的量和质来分配，多劳多得，少劳少得，不劳不得。因此，靠自己聪明才智和踏实劳动的人就会先发展起来，先富起来，就会产生积极的辐射和示范效应，进而影响和带动整个国民经济的发展。

让一部分人、一部分地区先富起来，逐步实现共同富裕的发展战略，是实现社会主义现代化的必由之路。其以承认差别为前提，以诚实劳动、合法经营为条件，以最终实现共同富裕为目标。但我们所要实现的共同富裕不是同步富裕，也不是同等富裕，而是逐步共同富裕。这充分考虑到了我国的生产力相对落后、人们生产能力不同、各地区发展不平衡的实际，是一项积极的、现实的、较快的摆脱贫穷、奔向富裕、实现社会主义现代化的战略措施。

① 邓小平：《一靠理想二靠纪律才能团结起来》，《邓小平文选》第3卷，人民出版社1993年版，第110—111页。

1. 中共中央文献研究室:《邓小平传(1904—1974)》,中央文献出版社 2014 年版。

2. [美]傅高义著,冯克利译 :《邓小平时代》,生活·读书·新知三联书店 2013 年版。

3. 邓小平:《用中国的历史教育青年》,《邓小平文选》第 3 卷,人民出版社 1993 年版。

4. 中共中央文献研究室:《邓小平年谱(1975—1997)》,中央文献出版社 2004 年版。

深度思考

1. “三步走”战略部署时序的依据和缘由是什么?

2. 在新时代,邓小平的“三步走”战略有了怎样的发展?

3. 如何看待共同富裕和贫富差距的问题?

◀ 第八章

领导力量：改善和加强自身建设

在长期执政的历史条件下，建设什么样的党、怎样建设党是一个重大现实问题。党的建设，从党员个人的角度是坚持党性、牢记宗旨，不忘初心，发展先锋模范作用，从党组织自身的角度来说，就是要建设坚强团结的战斗堡垒，永葆党的纯洁性与先进性。中国共产党已经走过了 90 多年的光辉历程，历史和现实充分证明，只有坚持共产党的领导和执政，中国才能实现社会主义现代化，中华民族才能实现伟大复兴。

一、刀刃向内，勇于革命

邓小平关于党的建设理论，是在我们党处于执政地位，特别是在领导改革开放和社会主义现代化建设的新的伟大实践中形成的，是对马克思列宁主义、毛泽东思想关于党的建设理论的继承、丰富和创造性的发展，它科学回答了面向新世纪的中国共产党举什么旗、走什么路的全局性问题。

（一）共产党的自我革命基因

马克思主义认为，事物内部矛盾是事物发展的根本动力。要促进社会发展，就必须不断解决内部的矛盾，就必须不断进行社会革命；要保持自身的活力，就必须不断进行自我革命。

自我革命，是主体自觉进行自我审视、自我批判、自我扬弃的过程。恩格斯指出，无产阶级政党相较于资产阶级政党而言的一大特点就是进行自我批评。“总的说来，这种无情的自我批评引起了敌人极大的惊愕，并使他们产生这样一种感觉：一个能够这样做的党该具有多么大的内在力量啊！……哪里还有另外一个政党敢于这样做呢？”[①]

中国共产党是马克思主义政党，自我革命是中国共产党自成立之初就具有的先进品质。中国共产党在长期革命、建设、改革的实践中，并不总是一帆风顺的，也遇到许多困难和挫折，但是中国共产党人勇于修正错误，自我革新，形成了自我批评的优良作风和自我革命的优良品格，使党和国家的各项事业能够在危急时刻转危为安。在革命时期，以毛泽东同志为主要代表的中国共产党人就积极发扬自我革命的精神，把党建设成为思想上政治上组织上完全巩固的马克思主义政党。改革开放之初，邓小平就明确提出了执政党应该是一个什么样的党、执政党的党员应该怎样才合格、党怎样才叫善于领导的问题，以勇于自我革命的精神不断推进党的建设。改革开放40年来，中国共产党之所以能够带领中国人民取得改革开放的巨大成就，与其自我革命的精神密不可分，党的建设也在一次次自我革命中不断加强、巩固。

中国共产党在丰富实践基础上不断深化对党的建设规律和共产党执政规律的认识，党建理论创新取得丰硕成果，极大地丰富了马克思主义党建

① 恩格斯：《致卡尔·考茨基》，《马克思恩格斯选集》第4卷，人民出版社2012年版，第614—615页。

理论宝库。习近平总书记明确指出，我们党必须以党的自我革命来推动党领导人民进行的伟大社会革命，把党建设成为始终走在时代前列、人民衷心拥护、勇于自我革命、经得起各种风浪考验、朝气蓬勃的马克思主义执政党，这既是我们党领导人民进行伟大社会革命的客观要求，也是我们党作为马克思主义政党建设和发展的内在需要。

（二）自我革命的辩证法精神

自我革命是对革命辩证法的深刻把握，自我革命是刀刃向内，意味着自我否定。但这种否定，不是形而上学的否定，而是一种辩证的否定；不是要改弦更张，而是不忘初心，与时俱进。

批判性和革命性就是马克思主义的最根本的特性，是它与空想社会主义、各种机会主义、庸俗社会主义以及一切旧哲学的根本区别，是无产阶级和人民群众推翻旧世界、建设新世界的理论武器。马克思、恩格斯指出："共产党人到处都支持一切反对现存的社会制度和政治制度的革命运动。……共产党人不屑于隐瞒自己的观点和意图。他们公开宣布：他们的目的只有用暴力推翻全部现存的社会制度才能达到。"[①]

在马克思和恩格斯看来，社会变革是每个社会正常的、不可避免的社会发展过程，而推动社会变革的根本动力就是生产力和生产关系的矛盾运动。在我国社会主义改造基本完成后，毛泽东正确地认识到社会主义社会仍然存在着生产力与生产关系、经济基础与上层建筑的矛盾，这是推动社会主义社会发展的动力。邓小平根据社会发展的新要求，提出了在社会主

① 马克思、恩格斯：《共产党宣言》，《马克思恩格斯选集》第 1 卷，人民出版社 2012 年版，第 435 页。

义制度建立以后，我们建立起来的经济基础和上层建筑在某种历史条件下，也可能对生产力产生束缚的观点，因而改革生产关系和上层建筑中不适应生产力发展的内容，以更好地推动生产力的发展，是人类社会矛盾运动的具体表现。因此，改革是社会主义发展的直接动力，改革是一场新的革命，是社会主义制度的自我完善和发展。

中国共产党是以马克思主义为指导的政党，它正是带着为中国人民谋幸福、为中华民族谋复兴的使命诞生的，中国共产党的内在本质和目标任务要求它不断进行社会革命，推动社会发展，实现人民幸福。当代中国改革开放是一次新的社会革命，为了解放生产力、发展生产力、实现共同富裕的目标，它必须对不适应生产力发展要求的生产关系、不适应经济基础的上层建筑进行变革。

（三）改革是中国的第二次革命

改革开放之初，邓小平就指出，改革是中国的第二次革命，而与这次革命相伴随的正是我们党的自我革命。

“建设一个什么样的党”，一直是党的建设面临的重要问题。作为党的第一代中央领导集体的重要成员，邓小平在担任中央委员会总书记期间，就曾对社会主义建设时期党的建设目标问题进行过理性思考。1965 年 6 月，他在同外国党的领导人谈话时就曾提出：“建立一个什么样的党的问题，这不仅是我们这一代的问题，也是下一代、再下一代的问题。一个国家的革命，核心问题是党。有了一个好党才能引导革命走向胜利。革命胜利后，搞社会主义也要靠一个好党，否则胜利就靠不住。”[①]

在思想建设方面，邓小平领导我们党重新确立了实事求是的思想路线，他在党的十一届三中全会的讲话中，反复强调实事求是的重要性：“实事求是，是无产阶级世界观的基础，是马克思主义的思想基础。过去我们搞革命所取得的一切胜利，是靠实事求是；现在我们要实现四个现代化，同样要靠实事求是。”[②]历史和现实不容否认，实事求是的思想路线是中国共产党人的事业之基，是中国共产党人领导中国人民进行革命、建设和改革的思想武器。

在组织建设方面，邓小平高度重视基层党组织工作、党员队伍的质量和党员与干部的培养与教育问题。在新中国成立初期，邓小平就强调要积极发挥基层党组织的作用；在“三大改造”时期，邓小平强调要加强党在农村中的堡垒作用，做到加强党员的教育，提高党员和农民群众的社会主义觉悟，加强农业合作社的政治工作，改造落后乡落后支部，加强农村里的政权工作和各个组织的工作，等等。

在制度建设方面，邓小平对民主集中制和集体领导制度进行了深入的发展与探索。民主集中制和党的集体领导作用，在“文化大革命”期间遭到了严重破坏，甚至蜕化为党的个人领导，党的集体领导形式被严重破坏，这为邓小平恢复民主集中制、创新党的集体领导工作，提出了迫切的发展要求。也正是基于此，邓小平将民主集中制的重要性，提升到党和国家生死存亡的高度。他认为，民主集中制是党和国家最根本的制度，坚持并完

① 邓小平：《建设一个成熟的有战斗力的党》，《邓小平文选》第1卷，人民出版社1994年版，第348页。

② 邓小平：《解放思想，实事求是，团结一致向前看》，《邓小平文选》第2卷，人民出版社1994年版，第143页。

善这个制度，是关系到党和国家命运的事情。

改革开放初期，邓小平带领全党解放思想、拨乱反正，实现了伟大历史转折，开辟了中国特色社会主义道路。同时，着力解决“文化大革命”对我们党造成的严重伤害，恢复党的优良传统，适应新的形势任务要求大力加强党的建设，推进党建理论和实践创新。

二、“破”字当头，迎难而上

改革开放以来，中国共产党人带领人民所取得的伟大成就举世瞩目，但在社会转型的过程中，在社会主义与市场经济的交接点上，在人们思想转变过程中，在各种诱惑大量涌现之时，有些党员干部没有经受住权力的考验、利益的考验、人情关系的考验，理想信念动摇了、精神懈怠了、思想变质了、意志力变弱了、人民立场偏离了，这严重影响了党和政府的形象，损害了政府的公信力，降低了党的执政力。加强党的建设，首先要从党自身面临的现实问题入手。

（一）贪污腐败是大威胁

腐败问题是自古至今各国政党和政府面临的严峻问题，腐败问题解决不好，不仅会使一个政党的作风和工作受到严重影响，使党的凝聚力和战斗力下降，还会使党失去执政的群众基础。因此，必须把反腐败斗争提到关系党和国家生死存亡的高度来重视，把滋生在党的健康肌体上的腐败毒瘤坚决割除。

邓小平在改革开放之初，就敏锐地意识到，腐败问题来势汹汹。邓小平说："现在是什么形势呢？我们自从实行对外开放和对内搞活经济两个方面的政策以来，不过一两年时间，就有相当多的干部被腐蚀了。卷进经济犯罪活动的人不是小量的，而是大量的。犯罪的严重情况，不是过去'三反'、'五反'那个时候能比的。那个时候，贪污一千元以上的是'小老虎'，一万元以上的是'大老虎'，现在一抓就往往是很大的'老虎'。"[①] 改革开放在推动各种生产要素充分涌流的同时，也为一些干部腐败大开方便之门，腐败形势变得严峻。一方面是一些干部放松了自己的思想防线，把自己的职位、手中的权力变成为自己谋利的阶梯；另一方面是因为当时的政治、经济制度还不够健全，法律制度不够完备，给一些不法分子有漏洞可钻。因此，在改革开放初期，反腐败工作是重中之重。

除了大规模的打击经济犯罪活动以外，邓小平还将拥有体制资源的高级干部及其家属作为防治的重点。"越是高级干部子弟，越是高级干部，越是名人，他们的违法事件越要抓紧查处，因为这些人影响大，犯罪危害大。抓住典型，处理了，效果也大。"[②] 在1989年7月通过的《中共中央、国务院关于近期做几件群众关心的事的决定》中，就特别指出："坚决制止高干子女经商……取消对领导同志少量食品的'特供'……严肃认真地查处贪污、受贿、投机倒把等犯罪案件，特别要抓紧查处大案要案。"同年，各级纪检机关共查处违纪案件19.7万件，比1988年增长一倍多；处分党员15.8万人，占当时全国党员总数的3.2‰。[③]

① 邓小平:《坚决打击经济犯罪活动》,《邓小平文选》第2卷，人民出版社1994年版，第402页。
② 邓小平:《在中央政治局常委会上的讲话》,《邓小平文选》第3卷，人民出版社1993年版，第152页。
③《邓小平时代是如何处理高干腐败的》，财经网2014年8月20日。

1992 年，邓小平在南方谈话中告诫全党，“在整个改革开放过程中都要反对腐败”[①]。他还指出：“开放、搞活政策延续多久，端正党风的工作就得干多久，纠正不正之风、打击犯罪活动就得干多久，这是一项长期的工作，要贯穿在整个改革过程之中。”[②]党的十五大报告进一步指出：“反对腐败是关系党和国家生死存亡的严重政治斗争。我们党是任何敌人都压不倒、摧不垮的。堡垒最容易从内部攻破，绝不能自己毁掉自己。如果腐败得不到有效惩治，党就会丧失人民群众的信任和支持。”这些表述均依据唯物辩证法原理，认为内因对事物的发展变化起决定性作用。历史证明，只有注重党的自身建设，才能完成历史使命，为国家和人民谋福利。

（二）精神懈怠是大危险

除了贪污腐败，党员干部的精神懈怠也是值得重视的问题，一方面，随着改革开放的深入发展和社会主义市场经济体制的建设，一些资本主义的享乐思想和生活方式渗透到党员干部的精神世界；另一方面，中国长久以来形成的腐朽的封建主义思想残余还在影响着一些党员干部。针对革命胜利后，一些党员干部中出现的精神懈怠、贪图享乐思想和脱离群众、官僚主义作风，邓小平提出要为提高党员的标准而斗争。“对于取得革命胜利的党的要求，是要严还是要宽呢？对于干部，特别是对老干部的要求，是要严还是要宽呢？我们的回答是应该更加严格，对党的组织要更严，对干

① 邓小平：《在武昌、深圳、珠海、上海等地的谈话要点》，《邓小平文选》第 3 卷，人民出版社 1993 年版，第 379 页。
② 邓小平：《在全体人民中树立法制观念》，《邓小平文选》第 3 卷，人民出版社 1993 年版，第 164 页。

部的要求要更高”[①]。

邓小平严禁干部特殊化，他在《党和国家领导制度的改革》一文中痛斥官僚主义。他说：“官僚主义现象是我们党和国家政治生活中广泛存在的一个大问题。它的主要表现和危害是：高高在上，滥用权力，脱离实际，脱离群众，好摆门面，好说空话，思想僵化，墨守陈规，机构臃肿，人浮于事，办事拖拉，不讲效率，不负责任，不守信用，公文旅行，互相推诿，以至官气十足，动辄训人，打击报复，压制民主，欺上瞒下，专横跋扈，徇私行贿，贪赃枉法，等等。这无论在我们的内部事务中，或是在国际交往中，都已达到令人无法容忍的地步。”[②]

邓小平坚决反对官僚主义和形式主义，不仅在理论上进行了深刻的批判，在实际生活中，他也带头作表率。在不同场合的讲话或文章的写作中，邓小平都力求言简意赅，平实当中富有深意。在调研考察中，他亲力亲为，将实事求是落到实处。1961 年，邓小平为了制定《国营工业企业工作条例（草案）》，亲率调查组到东北调研。为了搞清楚国营工业和人民生活的关系这一个问题，他们一行在东北蹲了十多天，职工每年吃多少钱、盖房子花多少钱，他都一一询问，并算了一本账回来。1977 年，邓小平主管科教工作，第一件事就是主持科教座谈会，邀请 30 多位科教界人士来座谈，整整四天，邓小平以 73 岁的高龄和这些人一直在一起开会讨论，每次讨论他都参加，实在有接见外宾的任务就让大家休会，他回来了再继续说。通过如此详细的调查座谈，邓小平把科教界的问题摸得很清楚，在会上他当场

① 邓小平：《对党的干部要求应更加严格》，《邓小平文集（1949—1974 年）》上卷，人民出版社 2014 年版，第 182—183 页。

② 邓小平：《党和国家领导制度的改革》，《邓小平文选》第 2 卷，人民出版社 1994 年版，第 327 页。

根据专家们的建议，拍板决策恢复中断的高考、决定重新编写中小学教材等，亲手抓了很多具体事务。[①]

（三）脱离群众是大隐患

中国共产党代表人民的意志和要求，党的意志、人民的意志和历史发展的趋势是一致的。因此，我们党必须倾听人民的呼声和诉求，把是否符合人民的利益作为检验一切工作的试金石，把实现人民的利益作为提升党和政府公信力的根本追求。

为了贯彻群众路线，邓小平强调一方面加强党员的学习教育，一方面抓紧完善制度规范。为加强理论学习，使全体党员弄清群众路线的内容和意义。邓小平多次发表讲话，深入进行群众路线教育，他说："共产党如果能给人民做好事情就有存在的必要，否则，就没有存在的必要。如果共产党脱离了人民，人民为什么还要拥护共产党？"[②]"中国共产党必须经常警诫自己脱离人民群众的危险性，必须经常注意防止和清洗自己内部的尾巴主义、命令主义、关门主义、官僚主义与军阀主义等脱离群众的错误倾向。"[③]"为什么我们党能有群众的信任呢？首先是由于我们党革命斗争的纲领、方针、策略和工作方法的正确。它符合人民群众的要求，代表人民群众的利益。其次是由于党员成为执行此斗争纲领、方针的模范。党员站在人民群众之中，而不是站在群众之外，更不是站在群众之上，所以群众认

① 王达阳：《邓小平：高级干部要带头发扬党的优良传统》，《学习时报》2017 年 2 月 13 日。

② 邓小平：《学会管理城市，加强农村工作》，《邓小平文集（1949—1974 年）》上卷，人民出版社 2014 年版，第 62 页。

③ 邓小平：《永远记取党的斗争经验和教训》，《邓小平文集（1949—1974 年）》上卷，人民出版社 2014 年版，第 257 页。

为党员是他们最忠实的好朋友。”[①]

在制度上，邓小平从健全党规党纪入手，针对当时群众反映强烈的干部特殊化、以权谋私等不正之风，提出要在最短期内，制定出几条必须遵守的章程和纪律。

1979 年 7 月，华润公司工矿部一位干部给邓小平写信反映，当时福建、广东一些领导借落实侨务政策为名，行受贿之实，明目张胆地伸手向华侨、侨胞索取大量物资，而美其名曰“赠送”“捐献”。邓小平深恶痛绝，他批示：“这个问题值得十分重视。对已发生的事件，建议中检委进行调查，对性质严重的，需要严肃处理，以儆其他。”提出“由中检委为首，约集有关部门和粤闽两省同志，开一小会，拟出几条，报中央批准后，立即施行”[②]。

在邓小平推动下，1979 年下半年，中央纪律检查委员会牵头组织、各有关方面参加，起草了《中共中央、国务院关于高级干部生活待遇的若干规定》（以下简称《规定》）。《规定》的内容共 10 项，对高级干部的住房、用车、食品供应、外出休养等方面作出详细严格的规定。经过会议讨论和会后的修改，1979 年 11 月 13 日，《规定》和邓小平的报告以中央文件的形式一起正式下发到全国县团级，并通过各种形式传达到海内外各界。

邓小平还为健全党内法规作了重要部署，经过充分酝酿，1980 年党的十一届五中全会正式通过了《关于党内政治生活的若干准则》，1982 年党的十二大通过了新党章。这些都成为新时期党的重要法规，为坚持原则、捍卫党的纪律、加强作风建设提供依据和保证。

① 邓小平：《永远记取党的斗争经验和教训》，《邓小平文集（1949—1974 年）》上卷，人民出版社 2014 年版，第 258 页。

② 王达阳：《邓小平：高级干部要带头发扬党的优良传统》，《学习时报》2017 年 2 月 13 日。

三、关键一招，全面从严治党

办好中国的事情，关键在党，关键在党要管党、从严治党。中国共产党是中国特色社会主义事业的开创者和领导者，面对历史使命和时代要求，党的十八大以后，以习近平同志为核心的党中央以壮士断腕的气魄和刮骨疗毒的勇气，颁布了一系列法律法规，坚持制度建党、从严治党。这是党的初心的一种回归，是中国共产党向人民作出的庄严承诺，是新时代党领导人民实现“两个一百年”奋斗目标和中华民族伟大复兴中国梦的保证。

（一）净化政治生态

什么是政治生态？政治生态就是各类政治主体生存发展的环境和状态，是政治制度、政治文化、政治生活等要素相互作用的结果，是党风、政风、社会风气的综合反映，影响着党员干部的价值取向和为政行为。发生了交通事故，首先是找警察还是找熟人？家人住院，是走正常程序还是找熟人？孩子入学、入职提拔、承接工程，是按照要求准备材料积极争取还是“跑关系”“走后门”？下班之后，是回家做饭还是攒三聚五、吃吃喝喝、沟通感情？审批一个项目，是按规矩办事还是先伸手要红包？单位开会，领导说错了，是实事求是指出还是心存畏惧不敢发言？这是两种不同的表现形式，也是完全相反的政治生态，良性的就是尊重政治规矩、政治纪律，与党的要求保持一致，政治生态“山清水秀”；恶性的就是完全背离党的要求和人民的利益，自成规矩，显规则行不通，潜规则盛行，官场样式乌烟瘴气，逼良为娼。

史海钩沉：历史周期率

1945 年 7 月，黄炎培先生到延安根据地进行考察。在一个窑洞里，黄炎培与毛泽东对谈，提出了著名的历史周期率问题。

黄炎培谈道："我生六十多年，耳闻的不说，所亲眼看到的，真所谓'其兴也勃焉'，'其亡也忽焉'，一人，一家，一团体，一地方，乃至一国，不少单位都没有能跳出这周期率的支配力。大凡初时聚精会神，没有一事不用心，没有一人不卖力，也许那时艰难困苦，只有从万死中觅取一生。既而环境渐渐好转了，精神也就渐渐放下了。有的因为历时长久，自然地惰性发作，由少数演为多数，到风气养成，虽有大力，无法扭转，并且无法补救。也有为了区域一步步扩大了，它的扩大，有的出于自然发展、有的为功业欲所驱使，强求发展，到干部人才渐见竭蹶、艰于应付的时候，环境倒越加复杂起来了，控制力不免趋于薄弱了。一部历史，'政怠宦成'的也有，'人亡政息'的也有，'求荣取辱'的也有。总之没有能跳出这周期率。中共诸君从过去到现在，我略略了解的了。就是希望找出一条新路，来跳出这周期率的支配。"

毛泽东对此作出解答："我们已经找到新路，我们能跳出这周期率。这条新路，就是民主。只有让人民来监督政府，政府才不敢松懈。只有人人起来负责，才不会人亡政息。"

（来源：人民网—国家人文历史 2013 年 10 月 24 日）

不可否认的是，近年来随着外部环境的变化，在制度执行、组织管理等方面确实存在宽、松、软的问题，党内的政治生态受到了污染和破坏。比如，一些党员干部理想信念不坚定，有的干部奉行利益至上的原则，把手中本应为百姓谋利益的权力变成摇钱树，视法制、纪律为无物，自己甘于被“围猎”；还有人信奉“不跑不送、降职使用，只跑不送、原地不动，又跑又送、提拔使用”，把组织的干部选拔任用工作搞得乌烟瘴气；更有人热衷于搞圈子文化、山头主义，把对党组织尽忠变为对领导干部个人尽忠，结党营私、利益输送、任人唯亲，把正常的工作关系、同志关系变成官场同盟、官商同盟。潜规则无处不在，成为腐蚀党员干部、败坏党的风气的沉疴毒瘤，对党内政治生态造成严重影响。因此必须及时破除潜规则、立明规则，让潜规则、不良风气失去滋生的环境和土壤，在党内形成弘扬正气的大气候。

习近平总书记指出：“做好各方面工作，必须有一个良好政治生态。政治生态污浊，从政环境就恶劣；政治生态清明，从政环境就优良。政治生态和自然生态一样，稍不注意，就很容易受到污染，一旦出现问题，再想恢复就要付出很大代价。”① 他认为，如果把领导看成是体面风光的职业、有高人一等的特权、能耍独断专横的威风，那绝对是一大误区。事实上，党员干部和公职人员的职责就是为老百姓服务，衣食住行样样得操心，看病上学就业事事得关注，有时还要听得进意见、批评，受得住误解、委屈。这本来就是当领导干部应该做的，也是对领导干部的必然要求和他们必备素质。如果反其道而行之，时时处处都打自己的小算盘，老百姓凭什么把

① 习近平：《关于〈关于新形势下党内政治生活的若干准则〉和〈中国共产党党内监督条例〉的说明》，《人民日报》2016 年 11 月 3 日。

切身利益托付给你管理呢？如果见好处就争、见困难就躲，不敢担当、不想负责，群众为什么推举和信任这样的领导呢？拿着国家资源和公共权力谋私利、发横财，注定躲不过党纪国法的追究。

党的十八大以来，净化党内政治生态成为中国共产党关注的重点问题。2013 年 7 月，习近平总书记到西柏坡参观党的七届二中全会旧址。西柏坡纪念馆内，一块展板让习近平总书记久久驻足，上面写着："根据毛泽东的提议，全会作出六条规定：一、不做寿；二、不送礼；三、少敬酒；四、少拍掌；五、不以人名作地名；六、不要把中国同志同马恩列斯平列。"

习近平总书记伫立展板前，一一对照着说："不做寿，这条做到了；不送礼，这个还有问题，所以反'四风'要解决这个问题；少敬酒，现在公款吃喝得到遏制，关键是要坚持下去；少拍掌，我们也提倡；不以人名命名地名，这一条坚持下来了；第六条，我们党对此有清醒的认识……"①

随后，习近平总书记在领导干部座谈会上开门见山地说，"这次来，主要是就开展好党的群众路线教育实践活动，围绕反对形式主义、官僚主义、享乐主义和奢靡之风，同大家谈谈心，听听你们的意见和建议。""每次来西柏坡，我想得最多的是，毛泽东同志当年提出'两个务必'，主要基于哪些考虑？我们学的还有没有不深不透的？'两个务必'耳熟能详，但在当前形势下我们能不能深刻领会'两个务必'，使之更好指导当前党的建设？今天如何结合新的形势弘扬？"各级领导干部要响应党中央号召，通过"照镜子、正衣冠、洗洗澡、治治病"，切实解决作风上存在的突出问题，以上率下，自上而下，一级带一级，一级做给一级看。②

①② 习近平：《党面临的"赶考"远未结束》，《人民日报》2013 年 7 月 14 日。

习近平总书记系列重要讲话精神既是对党的群众路线教育实践活动的指导，也是新时代党的自我革命的要求和体现。党的群众路线教育实践活动、“三严三实”专题教育、八项规定，以及一系列党内法规、制度、条例的制定和实施，表明了我们党严肃党内政治生活、不断进行自我革命的精神和气魄。

（二）坚定理想信念

重视党的思想建设，坚持思想建党是中国共产党在历史实践中总结出的重要经验，是我们党成立以来克服重重艰难险阻、取得伟大成就的重要原因。

坚持思想建党，首先是坚定理想信念，坚定马克思主义信仰。“革命理想高于天”，坚定的理想信念，是对共产主义远大理想和中国特色社会主义共同理想的追求，是共产党人的精神支柱和政治灵魂。正是坚定的理想信念，让无数共产党人甘愿为国家和人民忘我工作与奉献。当前，在拜金主义、历史虚无主义等观念思潮的影响下，党员干部信仰缺失、意志薄弱等问题不能不引起我们的重视。正是思想上的滑坡，才导致了理想信念的淡化、是非界限的模糊，反映到实际工作和生活中，一些党员干部在经济上出问题，在政治上变质，在生活上腐化，根本原因就是理想信念出了问题。

福建省原省长苏树林就是在职位晋升、权力增大的过程中，丧失了理想信念和做人原则。他从大庆油田干起，不到 40 岁就成为中石油集团党组成员、副总经理，但很快迷失了方向。电视专题片《巡视利剑》介绍，除了通过项目牟利，平时，苏树林把国有的石油企业当作可以随意取用的私人银行。下属企业为他定制高级服装、出资购物达数百万元，他都安心接受；私人的各种花销也都在中石化报销，即便到福建任职后依然如此。

落马后的苏树林忏悔："其实我妈对我要求挺严的。1994 年，我刚当厂长的时候，她就跟我说，你当官了，要干干净净、清清白白，挣多少就吃多少，只吃槽子里的，不吃槽子外的。"遗憾的是，当权力在手时，苏树林忘记了一个共产党员的职责和使命，忘记了母亲的嘱咐。

对于理想信念动摇缺失的问题，2013 年 6 月 28 日，习近平总书记在全国组织工作会议上曾作过形象的比喻："理想信念是共产党人精神上的'钙'，理想信念坚定，骨头就硬，没有理想信念，或理想信念不坚定，精神上就会'缺钙'，就会得'软骨病'。"要补足精神之"钙"，必须加强党员的理想信念教育，通过党性教育、革命传统教育、警示教育、典型模范教育、党史国史学习等方式，坚定党员干部的马克思主义信仰，增强中国特色社会主义的道路自信、理论自信、制度自信和文化自信，把社会主义核心价值观真正融入实际工作和生活中，努力建设共产党人的精神家园。

（三）抓好关键少数

"党要管党，首先是管好干部；从严治党，关键是从严治吏。"以严格的标准监督和管理各级干部、培养选拔党和人民需要的好干部、加强干部队伍建设，是党的十八大以来我们党推进全面从严治党的重要内容。

领导干部作为"关键少数"，在人数上占比例虽小，但在具体工作中发挥的作用和影响很大。领导干部的形象代表着党的形象，党员干部的党性是否强、作风是否正、工作是否称职，影响党在人民心目中的整体形象。抓好领导干部队伍这个"关键少数"不仅对推进全面从严治党有着关键的影响，也对党和国家的各项事业有着重要的现实意义。

全面从严治党，抓好关键少数，需要对干部队伍建设提出明确的要求。2013 年 6 月，习近平总书记在全国组织工作会议上提出了关于好干部的五条标准，即信念坚定、为民服务、勤政务实、敢于担当、清正廉洁。他反复强调选拔任用干部应坚持德才兼备的大原则，指出好干部标准的具体时代内涵应当是政治上靠得住、工作上有本事、作风上过得硬、人民群众信得过。领导干部作为全面建成小康社会的重要依靠力量，必须杜绝“为官不易”“为官不为”的思想和行为。全面推进从严治党，就要让领导干部这个群体始终保持敢于担当的时代精神，始终把党的事业和人民的利益放在首位，让勤政务实、清正廉洁的干部得到重用。

《中国共产党廉洁自律准则》

（自 2016 年 1 月 1 日起施行）

中国共产党全体党员和各级党员领导干部必须坚定共产主义理想和中国特色社会主义信念，必须坚持全心全意为人民服务根本宗旨，必须继承发扬党的优良传统和作风，必须自觉培养高尚道德情操，努力弘扬中华民族传统美德，廉洁自律，接受监督，永葆党的先进性和纯洁性。

党员廉洁自律规范

第一条　坚持公私分明，先公后私，克己奉公。

第二条　坚持崇廉拒腐，清白做人，干净做事。

第三条　坚持尚俭戒奢，艰苦朴素，勤俭节约。

第四条　坚持吃苦在前，享受在后，甘于奉献。

党员领导干部廉洁自律规范

第五条　廉洁从政，自觉保持人民公仆本色。

第六条　廉洁用权，自觉维护人民根本利益。

第七条　廉洁修身，自觉提升思想道德境界。

第八条　廉洁齐家，自觉带头树立良好家风。

抓好关键少数，要使“三严三实”的教育落到实处。“严以修身、严以用权、严以律己，谋事要实、创业要实、做人要实”[①]的要求，既是对党员干部改造主观世界和具体工作实践的明确要求，也体现出共产党人的价值追求。作为“关键少数”的领导干部，必须时刻牢记权为民所赋、权为民所用的道理，在使用自己手中的权力谋事创业时坚持以人民为中心，以人民群众的幸福为导向。

抓好关键少数，要着力选拔党和人民需要的好干部，加强组织队伍建设。《党政领导干部选拔任用工作条例》将习近平总书记提出的好干部的标准写入总则，为新时代选拔任用领导干部赋予了新的时代内涵，体现出德才兼备、以德为先、任人唯贤、公道正派、注重实绩、群众公认等原则，为建设高素质领导干部队伍提供了明确的导向和基本的遵循。选拔任用合适的好干部，必须建立科学有效的选人用人机制，要做到科学规范、有效

① 习近平：《在党的群众路线教育实践活动总结大会上的讲话》，《人民日报》2014 年 10 月 9 日。

管用、责任明确，打破唯票、唯分、唯年龄、唯 GDP 等问题，把真正有理想信念、有工作能力的干部选拔任用到合适的岗位，同时建立科学规范的干部考核评价体系，激励干部求真务实的工作热情。选拔任用干部，必须严把领导干部的“准入关”，要坚决抵制选人用人上的不正之风，杜绝带病上岗、带病提拔等问题，消除不比工作和成绩而找关系、找靠山的风气，解决拉票贿选、跑官要官、买官卖官等问题，从而为干部队伍建设创造良好的大环境。

延伸阅读

1. 习近平：《在党的群众路线教育实践活动总结大会上的讲话》，《人民日报》2014 年 10 月 9 日。

2. 习近平：《在第十三届全国人民代表大会第一次会议上的讲话》，《人民日报》2018 年 3 月 21 日。

3. 习近平：《在党的十九届一中全会上的讲话》，《求是》2018 年第 1 期。

深度思考

1. 中国共产党全面从严治党，进行党的建设有哪些重要的历史传统和经验值得我们去学习和继承？

2. 如何促进全面从严治党和全面依法治国的协调统一？

3. 如何全面落实全面从严治党的主体责任？

第九章

对外开放：中国的发展离不开世界

人类历史是在开放中形成的，也是在开放中写就的。开放带来进步，封闭导致落后，落后就要挨打，这是历史的经验教训，也是人类在长期的实践中悟出来的道理。中国的发展离不开世界，这是中国人民在近代历史中总结出来的强国富民之道。

古老的中国曾以恢宏的气度打开国门，在与其他民族及国家的交往中，谱写了华夏文明的灿烂与辉煌。古丝绸之路、玄奘西行、鉴真东渡、郑和下西洋，都搭建起了沟通不同文明的桥梁，将中华文化传播到世界各地，为人类文明进步做出了不可磨灭的贡献。

近代以来，在西方资产阶级忙于开拓世界市场之时，中国的封建统治阶级却沉溺于泱泱大国的迷幻与自大，傲慢地掩起了国门，开放之举渐少，锁国之策渐明，最终把对外交往的国门封闭起来。直到鸦片战争一声炮响，才打破了中国的宁静，引发了“亘古未有之变局”。

新中国成立后，以毛泽东同志为主要代表的中国共产党人主张对外开放。但由于西方发达国家对新中国的封锁和遏制，开放程度极其有限，仅限于亚洲部分国家及苏联、东欧一些社会主义国家。而后，由于受到“文化大革命”的影响，我们拒绝向西方学习，除了少量的对外贸易外，我国的对外经济、技术、文化交流几乎全部中断，整个国家经济实力、科技实力与国际先进水平之间的差距明显拉大。

乱久思治，穷则思变。巨大的国际竞争压力使党和人民产生了巨大的危机感，要赶上时代，赢得优势，唯有开放是根本出路。正如邓小平所说："关起门来，固步自封，夜郎自大，是发达不起来的。""所以，要实现四个现代化，就要善于学习，大量取得国际上的帮助。要引进国际上的先进技术、先进装备，作为我们发展的起点。"[①]

一、开放是中国发展的必由之路

历史前行趋向好，人类联合奔大同。人类命运互依互存，各国必须相互开放，任何关起门来搞建设的行为都是不可取的。面对开放的时代和开放的世界，如果一个国家不实行对外开放，而是闭关自守，只能束缚自己的发展，甚至会带来灾难和倒退。党的十一届三中全会后，邓小平多次论述对外开放的重要性，他强调，"任何国家要发达起来，闭关自守都不可能"[②]，并将对外开放确定为一项基本国策。这是基于"现在的世界是开放的世界"和"中国的发展离不开世界"这两个重大判断所得出的重要结论，是我们党对世界经济发展历史的深刻反思，也是对我国发展经验的深刻总结。

① 邓小平：《实行开放政策，学习世界先进科学技术》，《邓小平文选》第 2 卷，人民出版社 1994 年版，第 132—133 页。

② 邓小平：《在中央顾问委员会第三次全体会议上的讲话》，《邓小平文选》第 3 卷，人民出版社 1993 年版，第 90 页。

（一）全球化浪潮不可阻挡

早在《共产党宣言》中，马克思就从世界历史和现实的人的生活境遇出发，清醒地预见到：随着生产力的发展和资本的全球扩张，各民族必然打破地域性的限制，形成统一的世界市场和世界性文化，使“民族历史”向“世界历史”转变。正是在资本全球扩张和人们的普遍交往中，人类的命运不断交汇，人类逐渐在全球化的轨道上谋求开放和发展。

20 世纪以来，人类实现了惊人的发展和前所未有的进步。在此期间，人类既遭受过血腥的热战和劫难，也经历过冰酷的冷战和冲突，既经历过萧条和危机，更涌现出发展和繁荣。但全人类的共同愿望是摆脱枷锁、缔造和平、共同发展。随着全球化的深入发展，世界要和平、人民要合作、国家要发展、社会要进步成为时代潮流。经济全球化趋势方兴未艾，科技革命迅猛发展，社会化大生产的规模空前扩张，生产要素的配置扩大到整个世界范围，世界各国的经济联系和相互依赖达到了前所未有的程度，整个世界经济日益成为一个有机的统一体。如今，人类的每一时刻都是马克思所说的“世界历史”中的全球性时刻。可以说，对外开放、同舟共济、共同发展已成为全球化时代的重要符号。

随着全球化和历史向世界史的转变，各国相互联系、相互依存的程度空前加深，人类的历史和现实的相互交汇、彼此依存已经跨越了时空，没有哪个国家可以独善其身，也没有哪个国家可以包打天下，对外开放是全球的必然选择。为此，邓小平指出：“总结历史经验，中国长期处于停滞和落后状态的一个重要原因是闭关自守。经验证明，关起门来搞建设是不能成功的，中国的发展离不开世界。”[①] 在经济全球化趋势加快发展的形势下，各国只有在开放中思考自身发展，携手解决共同面临的危机，才能同舟共济，化解矛盾。

（二）只有开放才能融入世界

马克思说：人们能够自由地获得世界范围内的最大信息，才能得到完全的精神解放。古今中外，任何改革都起始于睁眼看世界，从对比中找差距。国门打开多大，改革的步子就有多大，发展的空间就有多宽。1978 年，中国人再次睁眼看世界，又一次向外国学习。

1978 年是中国人走出国门向外国学习的重要一年，也是酝酿制定对外开放国策的重要一年。这一年中央派出的数次干部境外考察就是“开放”的侦察兵和先行者。这一年党中央和国务院派出了四路考察团（港澳经济考察团、赴罗马尼亚和南斯拉夫考察团、赴日本经济考察团以及谷牧带队的赴西欧五国的考察团）。邓小平专门听取了代表团团长谷牧等汇报前往西欧五国考察的准备工作情况。他要求代表团在访问时要广泛接触，详细调查，深入研究一些问题，把资本主义国家先进的经验学回来。

赴西欧考察团在西欧五国考察了 15 个主要城市，共参观了 80 多个工厂、矿山、港口、农场、大学和科研单位，看到了西欧五国在第二次世界大战后的巨大变化，也看到了我们在工农业生产、交通运输、教育科学技术以及企业管理等方面与他们的巨大差距。谷牧曾回忆说：“当时我理解，小平同志对于实行开放的决心已定，他正在思索和考虑的不是‘要不要开放’，而是‘怎么搞对外开放’。我深感这次带团出国考察责任重大，因此

① 邓小平：《我们的宏伟目标和根本政策》，《邓小平文选》第 3 卷，人民出版社 1993 年版，第 78 页。

出去之后一直‘马不停蹄’……参观了许多工厂、农场、港口码头、市场、学校、科研单位和居民区，尽量多收集资料信息，多思考研究问题。”[①]

一个多月的访问，使代表团眼界大开，所见所闻深深震撼了每一个人的心。一个十多亿人口的大国，一个联合国常任理事国，在世界舞台上竟是这样的没有底气和实力。1978 年，中国人均国民生产总值低于印度，只有日本的 1/20、美国的 1/30，科技发展水平落后发达国家 40 年左右。与此同时，亚洲“四小龙”迅速崛起。新加坡的人均国民生产总值已经是 3000 多美元，而中国只有不足 200 美元。与其他国家相比较而言，中国经济发展水平与韩国、新加坡等新兴工业化国家有很大差距。

世界潮流，浩浩荡荡，顺之则昌，逆之则亡。面对经济全球化的大势以及中国与其他国家的巨大差距，我们必须重新思考与世界的关系问题。中国该走向何方？如何定位中国与世界的关系？怎样才能跟上时代的脚步？这也是我们党必须深入思考和回答的问题。邓小平敏锐地看到，在世界经济大趋势背景下，像中国这样的发展中国家，唯有开放才能融入世界。我们“要发展，孤立起来，闭关自守是不可能的，不加强国际交往，不引进发达国家的先进经验、先进科学技术和资金，是不可能的”[②]。

（三）开放是发展的根本出路

面对巨大的发展差距，开放才是实现繁荣和发展的根本出路。要大步前进，就要大胆破冰，打破禁锢。1978 年 9 月，邓小平指出：“世界在发

① 谷牧：《小平领导我们抓开放》，《百年潮》1998 年第 1 期。

② 邓小平：《政治上发展民主，经济上实行改革》，《邓小平文选》第 3 卷，人民出版社 1993 年版，第 117 页。

展，我们不在技术上前进，不要说超过，赶都赶不上去，那才真正是爬行主义。我们要以世界先进的科学技术成果作为我们发展的起点。我们要有这个雄心壮志。”①

1978 年 10 月 26 日，邓小平在日本参观访问，乘坐了日本新干线高速列车。他称赞说：“就像风一样快，新干线推着我们跑，我们现在很需要跑！”邓小平的这句话，既道出了中日之间的发展差距，也鞭策中国要在对外开放中奋起直追。因为“关起门来，固步自封，夜郎自大，是发达不起来的”。邓小平深刻意识到，中国作为发展中的大国，在实现现代化的进程中，面临着诸如资金不足、科技落后、劳动者素质低、缺乏现代化生产管理经验等问题。要解决这些问题就必须对外开放。

历史是开放的历史，世界是开放的世界。人类群居而存，世界荣辱与共，这是千百年来人类对自身生存的世界的理性认识。对外开放在本质上是要解决如何对待本国发展所面临的庞大的自我运行的世界关系问题，在开放的世界中自我封闭，只能限制自己的发展。只有坚持实行对外开放，积极参与国际分工与合作，才能适应世界经济和科技等迅猛发展提出的客观要求。实践证明，对外开放是邓小平在总结中国发展历史经验教训和把握当代世界经济发展趋势的基础上作出的重大决策，开放带来了中国社会的深刻变革，推动中国经济突飞猛进的发展。

① 邓小平：《用先进技术和管理方法改造企业》，《邓小平文选》第 2 卷，人民出版社 1994 年版，第 129 页。

二、打开对外开放的重要窗口

对外开放是全方位的开放，不仅对资本主义国家开放，也对社会主义国家开放；不仅对发达国家开放，也对发展中国家开放。1979 年，我国对外开放开始起步。从建立经济特区、引进外资、扩大技术交流到加入世界贸易组织，对外开放在实践上不断发展、扩大和深化，逐步形成了由点到线、由线到面的全方位、多层次、宽领域的开放格局。

（一）兴办特区，“杀出一条血路”

对外开放的决策确定后，如何从实践上推进，如何起步，从哪里突破，却是当时中国面临的一道难题。1979 年，广东省委同志向邓小平汇报了广东存在的问题以及优势、劣势，希望中央下放若干权力，让广东在对外经济活动中有较多的自主权，允许在毗邻港澳的深圳和珠海以及属于重要侨乡的汕头举办出口加工区。邓小平听了汇报后指出：“你们可以划出一块地方，叫做特区。”听者有些不解，邓小平又补充道：“还是叫特区好，陕甘宁开始就叫特区嘛！中央没有钱，可以给些政策，你们自己去搞，杀出一条血路来。”这是邓小平审时度势、下定决心对外开放的肺腑之言。

正是“杀出一条血路”的果敢精神指引中国闯出了自己的路。1979 年 7 月 15 日，中共中央、国务院批转广东省委、福建省委关于对外经济活动实行特殊政策和灵活措施的两个报告，同意在深圳、珠海、汕头和厦门试办出口特区。1980 年 5 月 16 日，中共中央、国务院批转《广东、福建两省会议纪要》，正式将出口特区改称为经济特区。从此，深圳、珠海、汕头和厦门成为我国对外开放的先导示范基地和经济体制改革的重要试验基地。

用邓小平的话来说就是："特区是个窗口，是技术的窗口，管理的窗口，知识的窗口，也是对外政策的窗口。"① 对经济特区实行特殊的经济政策和经济管理体制，是中国实行对外开放基本国策的突破口。

1984 年 5 月 4 日，中共中央、国务院批转《沿海部分城市座谈会纪要》，决定进一步开放天津、上海、大连、秦皇岛、烟台、青岛、连云港、南通、宁波、温州、福州、广州、湛江、北海 14 个沿海港口城市，并提出逐步兴办经济技术开发区，作为我国实行对外开放的一个新的重要步骤。1985 年 2 月 18 日，中共中央、国务院批转《长江、珠江三角洲和闽南厦漳泉三角地区座谈会纪要》，决定在长江三角洲、珠江三角洲和厦漳泉三角地区开辟沿海经济开放区。

知识链接

我国体制改革的"试验田"、对外开放的"窗口"
——经济特区

兴办经济特区，是我们党和国家为推进改革开放和社会主义现代化建设作出的重大决策。1978 年 12 月，党的十一届三中全会作出把党和国家工作重心转到经济建设上来、实行改革开放的历史性决策，动员全党全国各族人民为社会主义现代化建设进行新的长征。这是新中国成立以来我们党和国家历史上具有深远意义的伟大转折。为了推进改革开放和社会主义现代化建设，党中央决定兴办深圳、珠海、汕

① 邓小平：《办好经济特区，增加对外开放城市》，《邓小平文选》第 3 卷，人民出版社 1993 年版，第 51—52 页。

头、厦门4个经济特区，实行特殊政策和灵活措施，发挥对全国改革开放和社会主义现代化建设的重要窗口和示范作用。

1984年，邓小平在视察深圳、珠海、厦门经济特区后提出："我们还要开发海南岛。如果能把海南岛的经济迅速发展起来，那就是很大的胜利。"1988年4月，七届全国人大一次会议正式批准设立海南省，划定海南岛为经济特区。从此，海南这个祖国美丽的海岛获得了前所未有的发展机遇，进入了深化改革、扩大开放的历史新阶段。

40年来，深圳、珠海、汕头、厦门、海南5个经济特区不辱使命，在建设中国特色社会主义伟大历史进程中谱写了勇立潮头、开拓进取的壮丽篇章，在体制改革中发挥了"试验田"作用，在对外开放中发挥了重要"窗口"作用，为全国改革开放和社会主义现代化建设作出了重大贡献。

鲁迅说过，其实地上本没有路，走的人多了，也便成了路。中国兴办特区，"杀出了一条血路"，走出了中国自己的开放之路、发展之路。经济特区不仅是中国首创，而且涵盖多种形式，为我们利用外资、技术、人才和管理经验发展经济提供了重要平台，成为中国实施区域经济发展战略的重要形式。经济特区在体制改革中发挥了"试验田"作用，在对外开放中发挥了重要"窗口"作用，是中国对外开放的重要创举。

（二）开启全方位对外开放新格局

1988年3月18日，国务院发出《关于扩大沿海经济开放区范围的通知》，决定新划入沿海开放区140个市、县，包括杭州、南京、沈阳3个省会城市。此后，国务院又相继决定开放了一批沿江、沿边、内陆和省会城市，兴办一批经济技术开发区、保税区，形成了多层次、多渠道、全方位开放格局。至此，我国的所有沿海地区都实行了对外开放，形成了南北连线成片的开放地带和黄金海岸。

1990 年，中共中央、国务院又决定开发、开放上海浦东新区，并在陆家嘴成立中国首个国家级金融贸易区，为我国经济增长注入了新的活力。此后，这里的高楼大厦拔地而起，东方明珠、环球金融中心、金茂大厦、中心大厦，成为“上海高度”的象征。开发浦东新区是中国进一步对外开放的战略决策，为经济体制改革提供了重要经验。浦东的发展一路飙升，为上海注入了新的活力，成为辐射和带动长江沿线经济发展的重要引擎，也是中国对外开放的耀眼明珠。

1992 年，邓小平在南方谈话中充分肯定了改革开放的成绩，并且进一步要求：“改革开放胆子要大一些，敢于试验，不能像小脚女人一样。看准了的，就大胆地试，大胆地闯。深圳的重要经验就是敢闯。”[①] 同年 6 月，党中央决定沿长江开放芜湖、九江、岳阳、武汉、重庆 5 个内陆城市；沿边境开放吉林、黑龙江、内蒙古、新疆、云南、广西 6 省区的 13 个内陆边境城市。同时决定沿主要铁路公路交通干线开放；决定开放内陆所有的省会、自治区首府，从而使我国的对外开放向纵深发展。

最为重要的是，2001 年 12 月，我国经过长达 15 年的谈判而正式成为世界贸易组织的成员国。加入世界贸易组织标志着我国对外开放进入了一个全新的阶段，使中国的发展进一步融入世界。实践充分证明，加入世界

① 邓小平：《在武昌、深圳、珠海、上海等地的谈话要点》，《邓小平文选》第 3 卷，人民出版社 1993 年版，第 372 页。

贸易组织，对我国发展既是机遇。中国在加入世界贸易组织后充分向世界开放自己，既发展了自己，也造福了世界。

（三）坚持“引进来”与“走出去”

随着对外开放实践的不断深入，我们党对开放的认识也不断深化，提出了全面提高对外开放水平的构想，制定和实施了“引进来”和“走出去”同时并举、相互促进的开放战略，强调以更加积极的姿态走向世界，增强国际竞争力，发展开放型经济，完善对外开放的格局，优化开放结构，提高开放质量，完善内外联动、互利共赢安全高效的开放型经济体系，形成经济全球化条件下参与国际经济合作和竞争的新优势。事实表明，改革开放 40 年来，“我国货物进出口总额从 206 亿美元增长到超过 4 万亿美元，累计使用外商直接投资超过 2 万亿美元，对外投资总额达到 1.9 万亿美元”[①]。

海尔就是“引进来”与“走出去”的典型代表。海尔的前身青岛电冰箱总厂是一个年营业额只有 348 万元却亏损 147 万元、濒临倒闭的街道小厂。在人心涣散、连换三任厂长仍无起色的困境下，35 岁的张瑞敏于 1984 年 12 月 26 日接任了厂长，也就在这一天，德国的利渤海尔冰箱生产线被“引进来”。这成为海尔的标志性时刻和转折点。在中国对外开放的大潮中，海尔集团在实施国际化战略中“敢为天下先”，从 20 世纪 90 年代初就开始“走出去”，并于 1998 年以后开始到海外投资办厂。在过去几十年“走出去”的历程中，海尔坚持“先难后易”“出口创牌”战略，已经在许多国家和地区留下了足迹，在海外建成了几十个制造基地，真正实现了世界级制造。

① 习近平：《在庆祝改革开放 40 周年大会上的讲话》，《人民日报》2018 年 12 月 19 日。

“引进来”和“走出去”相辅相成，只有将二者有机结合，双管齐下，才能最大限度地优化资源配置，拓展发展空间，实现以开放促改革、促发展。据统计，截至2016年8月，全国累计批准设立外商投资企业85万家，实际使用外资金额1.72万亿美元。连续24年居发展中国家首位。跨国公司累计在华投资设立的研发中心超过2400家。外资企业创造了我国近一半的对外贸易、1/4的工业产值、1/5的财政税收和1/7的城镇就业，有力推动了中国经济持续健康发展。

开放带来进步，封闭必然落后。在新时代，日益走近世界舞台中央的中国，以非凡的气魄和不懈奋斗的毅力，为对外开放做出了新的更大贡献，为世界各国共同走向美好未来注入了新的动力。习近平总书记一贯强调，中国将始终做世界和平的建设者、全球发展的贡献者、国际秩序的维护者，坚定走和平发展道路，无论国际形势如何变化，无论自身如何发展，中国永不称霸、永不扩张、永不谋求势力范围。大道至简，实干为要。“一带一路”就是新时代对外开放的实践平台。“一带一路”源于中国，起于实践，但属于世界，造福人类。“一带一路”倡议是我国在新时代实行全方位对外开放的重大举措，符合我国经济发展的内在要求，能够给沿线人民注入正能量，是开启美好未来的一把“金钥匙”。“一带一路”倡议以共商、共建、共享为原则，让所有参与国甚至全世界都能从中受益，具有跨时代的世界历史意义。正如习近平总书记所指出的：“共建‘一带一路’顺应了全球治理体系变革的内在要求，彰显了同舟共济、权责共担的命运共同体意识，为完善全球治理体系变革提供了新思路新方案。”[①]

① 习近平：《坚持对话协商共建共享合作共赢交流互鉴　推动共建“一带一路”走深走实造福人民》，《人民日报》2018年8月28日。

“一带一路”倡议

2013年9月7日，习近平主席在哈萨克斯坦纳扎尔巴耶夫大学作题为《弘扬人民友谊 共创美好未来》的演讲，提出共同建设“丝绸之路经济带”。

2013年10月3日，习近平主席在印度尼西亚国会发表题为《携手建设中国—东盟命运共同体》的演讲，提出共同建设“21世纪海上丝绸之路”。

“丝绸之路经济带”和“21世纪海上丝绸之路”，简称“一带一路”倡议。

自习近平主席提出共建“一带一路”倡议以来，引起越来越多国家的热烈响应，共建“一带一路”正在成为我国参与全球开放合作、改善全球经济治理体系、促进全球共同发展繁荣、推动构建人类命运共同体的中国方案。

在“一带一路”建设国际合作框架内，各方秉持共商、共建、共享原则，携手应对世界经济面临的挑战，开创发展新机遇，谋求发展新动力，拓展发展新空间，实现优势互补、互利共赢，不断朝着人类命运共同体方向迈进。

（来源：中国一带一路网）

概而言之，从设立经济特区到开放沿海城市，从沿海、沿江、沿边到全方位开放，从亚太经合组织会议圆满落幕到加入世界贸易组织，从“引进来”到“走出去”，从自贸区到“一带一路”倡议，中国对外开放的形式更加成熟，对外开放的步伐更加强劲，给世界经济格局带来了深远影响。

三、新时代要继续推进对外开放

党的十八大以来，以习近平同志为核心的党中央以深谋远虑的战略眼光、海纳百川的宽广胸怀，深刻把握和平与发展的时代主题，从历史和现实、理论和实践、国内和国际等多重角度深入思考新时代我国对外开放新形势，确立了开放发展理念，实施和共建“一带一路”倡议，倡导发展开放型经济，为新时代中国发展注入了强大动力。作为具有悠久文明的东方大国，中国以真诚的态度和开放的胸怀，携手构建人类命运共同体，实现共赢共享。

（一）改革不停顿，开放不止步

恩格斯指出：“所谓‘社会主义社会’不是一种一成不变的东西，而应当和任何其他社会制度一样，把它看成是经常变化和改革的社会。”[①]推动社会改革是社会历史发展的动力源泉，但历史也是在交往和开放中发展的。“各民族的原始封闭状态由于日益完善的生产方式、交往以及因交往而自然形成的不同民族之间的分工消灭得越是彻底，历史也就越是成为世界历史。”[②]改革和开放密不可分、相辅相成。开放是进步的致富之门，只有改革

① 恩格斯：《致奥托·冯·伯尼克》，《马克思恩格斯文集》第 10 卷，人民出版社 2009 年版，第 588 页。

② 马克思、恩格斯：《德意志意识形态》，《马克思恩格斯选集》第 1 卷，人民出版社 2012 年版，第 168 页。

不停顿，开放不止步，才能实现社会主义社会全面发展。

中国坚持在改革中开放，在开放中改革。中国对外开放的成就表明，越开放越能促进发展，越发展越能促进开放。40 年来，对外开放和改革一起成为当代中国最鲜明的特色，成为决定当代中国命运的关键抉择，成为我们赶上时代的重要法宝。可以说，对外开放推动了我国经济社会发展，只有坚持对外开放，顺应经济全球化潮流，才能更好实现我们的发展目标。正如习近平总书记所说："实践发展永无止境，解放思想永无止境，改革开放也永无止境，停顿和倒退没有出路，改革开放只有进行时、没有完成时。"①

面向未来，在世界多极化、经济全球化条件下，世界经济增长乏力，金融危机阴云不散，发展鸿沟日益突出，网络安全、重大传染性疾病、气候变化等因素依旧蔓延；世界范围社会生产力结构的重大变革已经凸显，气候、能源、资源、粮食、金融等全球性安全问题更加突出；各种形式的剧烈动荡和地缘政治冲突时有发生；各种国际问题引发的"蝴蝶效应"频发。无论世界变局朝向何方，也无论世界形势如何变化，人类总会面临诸如全球公正、全球治理、气候变暖、领土完整等共同的难题，总会在解决世界面临的民主、生态、财富分配等关键问题方面需要凝聚共识，从而为主动对抗全球不公、调节冲突提供启迪和方案。也就是说，无论对中国还是世界，都存在国家利益上的交汇点，只有各国互相开放，才能走出资本逻辑主导下的发展鸿沟，实现互利共赢。

近年来，英国脱欧、欧洲难民危机、欧美恐怖主义事件增添了世界之乱，"逆全球化"思潮涌动，"黑天鹅""灰犀牛"事件频发。但中国坚定不

① 习近平：《关于〈中共中央关于全面深化改革若干重大问题的决定〉的说明》，《习近平谈治国理政》第 1 卷，外文出版社 2018 年版，第 71 页。

移坚持对外开放的基本国策，坚持打开国门搞建设、促发展。

“黑天鹅”“灰犀牛”事件

“黑天鹅”事件（Black Swan Event）指非常难以预测，且不寻常的事件，是极其罕见的、出乎人们意料的风险，通常会引起市场连锁负面反应甚至颠覆。在发现黑天鹅之前，17 世纪之前的欧洲人认为天鹅都是白色的。但随着第一只黑天鹅的出现，这个不可动摇的信念被颠覆了。黑天鹅的存在寓意着不可预测的重大稀有事件，它在意料之外，却又改变一切。人类总是过度相信经验，而不知道一只黑天鹅的出现就足以颠覆一切。可以说，“黑天鹅”的出现都是很难预测的。一般来说，“黑天鹅”事件是指满足以下特点的事件：它具有意外性，会产生重大影响；虽然它具有意外性，但人的本性促使我们在事后为会的发生编造理由，并且或多或少认为它是可解释和可预测的。“黑天鹅”存在于各个领域，无论金融市场、商业、经济还是个人生活，都逃不过它的控制。

“灰犀牛”（The Gray Rhino）是与“黑天鹅”相互补足的概念，“灰犀牛”事件是太过于常见以至于人们习以为常的风险。灰犀牛体型笨重、反应迟缓，你能看见它在远处，却毫不在意，一旦它向你狂奔而来，定会让你猝不及防，直接被扑倒在地。它并不神秘，却更危险。可以说，“灰犀牛”是一种大概率危机，在社会各个领域不断上演。很多危机事件，与其说是“黑天鹅”，其实更像是“灰犀牛”，在爆发前已有迹象显现，但却被忽视。

（二）打造覆盖全球的“朋友圈”

“有朋自远方来，不亦乐乎？”这是古代贤哲留给我们的“入道之门，积德之基”。讲信修睦、善待他人的传统思想，塑造了中华民族崇尚和平的美德和禀性。以和为贵、兼容并包的传统哲学，孕育了中华民族崇尚世界大同的价值观念。“四海之内皆兄弟”的圣人之语，熔铸了中华民族天下一家、和睦共处的精神。自古以来，这种寻求和谐共存的世界观念，深深影响着中华民族对自己“朋友圈”的塑造。2000 多年前，中国人开通了丝绸之路，推动了东西方文化的交汇、借鉴和传播，为后人留下了对外开放、互利合作的足迹。明代郑和“七下西洋”，为沿线 30 多个国家播撒和平的种子，留下了对外友好交往的佳话。

马克思说：“人们自己创造自己的历史，但是他们并不是随心所欲地创造，并不是在他们自己选定的条件下创造，而是在直接碰到的、既定的、从过去承继下来的条件下创造。”[①] 新中国成立以来，中国领导人秉承天下太平的理念，提出了和平共处五项原则，并在万隆会议上发出了中国声音，使和平的火种在中华民族伟大复兴的进程中逐渐燃烧起来。新中国成立 70 年来，中国始终坚守“不结盟”，坚定不移推动改革开放与世界对接，在和平发展中求同存异，进一步扩展了自己的“朋友圈”。而今，“上海精神”“丝路精神”“亚洲安全观”已经贯穿于中国对外开放的方方面面。

① 马克思：《路易·波拿巴的雾月十八日》，《马克思恩格斯选集》第 1 卷，人民出版社 2012 年版，第 669 页。

世界好，中国才能好；中国好，世界才更好。在新时代，中国将坚持按照亲诚惠容的理念，深化同周边国家的互利合作，坚持与邻为善、以邻为伴，使我国发展更多惠及周边国家，让大家一起过上好日子，着力打造人类命运共同体。并且，中国将坚持正确的义利观，做到义利兼顾，弘义融利，不搞我多你少、我赢你输，加强同发展中国家团结合作。

合则强，孤则弱。经济全球化风起云涌，地球村联系更加紧密，互利合作托举起人类文明进程。“中国这头狮子已经醒了，但这是一只和平的、可亲的、文明的狮子。”[①]对于当代中国而言，我们的“全球朋友圈”越扩越大，为经济带来弥足珍贵的动力。不管处于何种政治体制、地域环境、发展阶段、文化背景，都可以加入“一带一路”的“朋友圈”和亚洲金融合作“朋友圈”，共商共建共享，实现合作共赢。

时光走到今天，“开放已经成为当代中国的鲜明标识。中国不断扩大对外开放，不仅发展了自己，也造福了世界”。2018 年 11 月 5 日，习近平主席在首届中国国际进口博览会开幕式上指出：“中国开放的大门不会关闭，只会越开越大。”这宣示了新时代中国以自身更高水平的开放推动全球共同开放、助力各国共同发展的愿景和情怀，充分彰显出中国人民的开放品格、开放气质、开放胸襟。只有深化开放，才能在新时代扩大中国同其他国家的利益交汇点，才能更进一步构筑覆盖全球的“朋友圈”，与世界各国人民结伴而行，与世界各民族共同创造美好未来。

① 习近平：《在中法建交五十周年纪念大会上的讲话》，《人民日报》2014 年 3 月 29 日。

（三）共画“一带一路”同心圆

道虽迩，不行不至。中国在走，世界在看。2013 年，习近平总书记在提出构建人类命运共同体的同时，先后在哈萨克斯坦、印度尼西亚的演讲中提出共建“丝绸之路经济带”和“21 世纪海上丝绸之路”，即“一带一路”倡议。此后，习近平总书记在多个场合强调要把“一带一路”建设成为推动构建人类命运共同体的重要实践平台，坚持对话协商、共建共享、合作共赢、交流互鉴，同沿线国家谋求合作的最大公约数。

“一带一路”倡议是新时代我国经济外交的重大顶层设计，是实施新一轮扩大开放的重大举措。“一带一路”建设能够加强国家间的政治互信，为构建人类命运共同体铺垫稳定之基。2013 年 12 月 10 日，习近平总书记在中央经济工作会议上形象地指出：“这‘一带一路’就是要再为我们这只大鹏插上两只翅膀，建设好了，大鹏就可以飞得更高更远。”在新时代，我们提出“一带一路”倡议，是对丝绸之路精神的继承和发扬，把我国发展同沿线国家发展结合了起来，把中国梦同沿线各国人民的梦想结合了起来，赋予了古代丝绸之路以全新的时代内涵。习近平总书记明确指出：“共建‘一带一路’是经济合作倡议，不是搞地缘政治联盟或军事同盟；是开放包容进程，不是要关起门来搞小圈子或者‘中国俱乐部’；是不以意识形态划界，不搞零和游戏，只要各国有意愿，我们都欢迎。”[①]“一带一路”倡议在本质上是破解人类发展难题的中国智慧和中国方案，是探索全球经济治理新模式和构建人类命运共同体的重要路径。

① 习近平：《坚持对话协商共建共享合作共赢交流互鉴　推动共建“一带一路”走深走实造福人民》，《人民日报》2018 年 8 月 28 日。

知识链接

2018 年，地方“一带一路”建设怎么样了？

2018 年是“一带一路”倡议提出的第五个年头，“一带一路”正在向落地生根、持久发展的阶段迈进。2018 年，国内各个地方“一带一路”建设有了很多新变化。

政策沟通方面，江西、广西、江苏、陕西等省区出台了推进共建“一带一路”工作计划，部分地方出台了具体领域的文件，如河北的推进国际产能合作的实施方案，浙江、河南、甘肃、陕西的互联互通行动计划，广东、青海等地的文化教育领域合作方案等。值得一提的是，辽宁提出的全域建设“一带一路”工作方案，是国内首个在省级层面全域建设“一带一路”的路径拓展和实践创新。

设施联通方面，中欧班列（成都）2018 年共开行 1591 列，开行量已连续 3 年领跑全国；河南郑州—卢森堡货运航线从每周 4 架次增加到每周 40 架次，客运航线在筹备中；宁波舟山港年集装箱吞吐量首次突破 2500 万标准箱，连续 10 年位居全球港口第一；8 月初冰级船“天恩号”从连云港港口启程，取道北极东北航道，跨越北冰洋前往欧洲，开启了“冰上丝绸之路”。

贸易畅通方面，2018 年前三季度，广东对“一带一路”沿线国家进出口 1.2 万亿元，五年间同期增长率都保持 7% 及以上的增速；全年来看，湖南、云南与“一带一路”沿线贸易增长较快，增长率超 30%，多个地方与“一带一路”沿线贸易增速超过了整体增速，成为拉动外贸发展的新动力。

资金融通方面，人民币跨境支付系统（CIPS）二期落户上海并于2018年5月全面使用，截至目前上海已累计为6.6万家企业提供结算、贸易投融资、跨境银团贷款等金融服务；10月，湖南省“一带一路”基金成立，200亿元助力湘企“走出去”。

民心相通方面，丝绸之路国际电影节已连续举办了五届；2018年3月，陕西省出台一号文件，将打造“一带一路”农业国际合作引领区；山东贝尔格莱德中国文化中心大厦项目被列入2018年文化部“一带一路”文化贸易与投资重点项目名单，这是中国在巴尔干地区建立的首个中国文化中心，预计2019年投入使用。

（来源：中国一带一路网2019年1月24日）

“一带一路”倡议紧紧抓住了发展这个最大公约数，着眼于世界各国人民追求共同的梦想，为全球合作发展提供了创新思想。2018年4月11日，习近平主席在会见博鳌亚洲论坛现任和候任理事时的讲话中指出：“‘一带一路’不像国际上有些人所称是中国的一个阴谋，它既不是二战之后的马歇尔计划，也不是什么中国的图谋，要有也是‘阳谋’。”中国推动共建“一带一路”、设立丝路基金、倡议成立亚洲基础设施投资银行等，目的是支持各国共同发展。共建“一带一路”倡议不是地缘政治工具，而是务实合作平台；不会重复地缘博弈的老套路，而是合作共赢；不搞势力范围，而是一起加入“朋友圈”；不是另起炉灶，而是优势互补；不是一枝独秀的小利，而是百花齐放的大利；不是另起炉灶、推倒重来，而是实现战略对接、优势互补；不是某一方的私家小路，而是沿线各国携手前进的阳光大道；不是封闭的，而是开放包容的；不是中国一家的独唱，而是沿线国家的大合唱。这一重大合作倡议，致力于打造利益共同体、责任共同体、命运共同体，为相关各国实现共同发展提供了重要平台。

“一带一路”在本质上是和平之路、繁荣之路、开放之路、创新之路、文明之路。这个倡议致力于打造对话不对抗、结伴不结盟的伙伴关系，聚焦发展这个根本性问题，维护和发展开放型世界经济，着力解决发展失衡、治理困境、数字鸿沟、分配差距等问题，坚持创新驱动发展，推动各国相互理解、相互尊重、相互信任，给沿线人民注入了强大正能量。

面向未来，要拓展“一带一路”国际合作新空间，就要积极促进“一带一路”国际合作，深化贸易投资合作，促进基础设施互联互通，加强创新能力开放合作，加强全球经济治理合作。目前，在中国倡导下，欧亚经济联盟、英国的“英格兰北方经济中心”、非盟《2063年议程》、《东盟互联互通总体规划2025》、越南的“两廊一圈”、哈萨克斯坦的“光明之路”、土耳其的“中间走廊”倡议、蒙古国的“发展之路”、波兰的“琥珀之路”等国发展战略和政策已经对接、协调起来，各方合作形成的合力初步凸显，各国共同的利益越来越多，合作的愿望越来越浓，向人类命运共同体目标迈进的共识越来越强。

延伸阅读

1. 习近平：《论坚持推动构建人类命运共同体》，中央文献出版社2018年版。

2. 习近平：《习近平谈“一带一路”》，中央文献出版社2018年版。

3. 中共中央宣传部：《习近平新时代中国特色社会主义思想三十讲》，

学习出版社2018年版。

1. 怎样理解中国的发展离不开世界，世界的发展也需要中国？

2. 如何在经济全球化背景下提高开放型经济水平？

3. 新时代为什么要继续坚持对外开放？怎样理解新时代的开放是全面开放？

◀ 第十章

一国两制：实现祖国统一的伟大构想

“一国两制”是“一个国家，两种制度”的简称，指的是在中华人民共和国这个主权国家境内实行两种制度，在一个中国的前提下，国家的主体实行社会主义制度，香港、澳门和台湾实行资本主义制度。“一国两制”是邓小平为了实现中国统一的目标而创造的方针，是中华人民共和国政府在台湾问题上的主要方针，也是香港、澳门两个特别行政区所采用的制度。香港问题、澳门问题和台湾问题都是历史上遗留下来的问题。在新中国的成长道路上，祖国统一既是中华民族伟大复兴的历史任务，也是海内外中华儿女的共同心愿。

一、边缘问题，科学破解

（一）祖国统一的遗留问题

香港、澳门、台湾自古以来就是中国的神圣领土不可分割的一部分。2200 多年前，秦始皇实现大一统后，在岭南地区设置南海郡管辖香港和澳门。根据近年来考古发掘的文物，早在 6000 多年前，就有中华民族的先人在这两个地区生息活动。香港（包括香港岛、九龙、新界地区）自秦朝之后就一直属于中央政权的管辖范围，从唐代开始，中国就有军队驻守香港并在海上巡逻。宋元时期，更有大量内地人口南迁香港，促进香港经济、文化得到很大发展。澳门的旧称是“香山澳”“濠镜澳”，原本只是个小渔村，从宋代开始，中国的渔民就在这里生活定居，从元代开始，越来越多的中国军民也陆续在澳门定居。台湾被列入祖国版图则始于南宋时期，元代与明代政府都曾经在台湾设立官员管辖。在清代，政府在台湾设立一府三县，隶属于福建省管辖，光绪年间，台湾因重要性的提升，独立建省。香港、澳门、台湾在历代王朝的有效行政管理之下，与祖国大陆的联系从未间断，语言相通，习俗相同，骨肉相亲。

香港、澳门、台湾被迫与祖国分离是清王朝统治一步步衰败腐朽的结果。19 世纪中叶，英国殖民者为了打开中国市场，维护所谓的鸦片贸易，发动了罪恶的鸦片战争，占据了香港这块美丽的土地，从而也揭开了中国近代史上屈辱的第一页。1842 年，清政府与英国签订不平等的《南京条约》，割让香港岛给英国。1860 年，英法联军发动第二次鸦片战争之后，中英又签订不平等的《北京条约》，割让九龙半岛界限街以南地区给英国。1898 年，英国强迫清政府签订《展拓香港界址专条》，租借九龙半岛界限街以北地区及附近 262 个岛屿，租期 99 年，至 1997 年 6 月 30 日结束。香港就这样被这三个不平等条约强制割让、租借了出去。

澳门被侵占的方式像是被蛀虫慢慢腐蚀。明代，葡萄牙人的船只遇到风浪，以修补船只、晾晒货物为借口，并贿赂了当时的海道副使，在澳门定居了下来。随着鸦片战争的爆发，葡萄牙人对中国政府的态度也发生了重大变化，认为中国软弱可欺，开始了进一步行动。1845 年，葡萄牙女王玛利亚二世擅自宣布澳门为自由港，并封闭了中国海关，赶走了中国的海关关员，驱逐了香山县的县丞，企图抹杀中国在澳门行使主权的痕迹，开始强居澳门。1851 年和 1864 年，葡萄牙又分别侵占了氹仔、路环两岛。1877 年，清王朝被迫签订《中葡和好通商条约》，同意葡萄牙“永驻管理澳门”。

18 世纪中叶，台湾由于自身独特的地理优势，被日本殖民者觊觎。1894 年，日本借口中日朝鲜问题的争端，悍然发动甲午战争，清朝战败的代价就是被迫签订了《马关条约》，割让台湾给日本。日本在台湾殖民统治了近 50 年，直到抗日战争的胜利才结束。

清王朝被推翻后，北洋政府、国民政府都曾经为香港、澳门的回归做出努力。1919 年，北洋政府在巴黎和会上提交“希望条件说帖”；1921 年，中国代表顾维钧又在华盛顿会议上，再次提出收复新界，但在帝国列强把控的国际会议中，这样的诉求都被强行拒绝和忽视。1927 年，由于国共合作的北伐战争胜利进军，中国人民收回了汉口、九江的英租界，但香港问题仍无进展。抗日战争胜利后，香港、澳门、台湾都从日本侵略的威胁下解脱出来，中国本拥有一个收回香港和澳门的良好契机，但由于国民政府忙于内战，在英国答应把香港作为其运兵北上的转运站并交出驻港日军的装备之后，默认了英国从日军手中接收香港这一既成的事实。在澳门问题上也没有及时采取有力的收复行动，就此错过了收复香港、澳门的最佳时机。历史经验再次表明，只有社会主义新中国才能实现中华民族几代人为之奋斗的夙愿。

（二）思想遗产和政策遗产

“一国两制”构想的萌芽，开始于以毛泽东同志为主要代表的中国共产党人对祖国统一问题的探索。

以毛泽东同志为主要代表的中国共产党人是在中华人民共和国成立前夕确定新中国外交政策的过程中开始思考如何处理香港与澳门的历史遗留问题的。新中国成立后，中国政府就一再发表郑重声明强调：香港、澳门是中国的领土，中国不承认 19 世纪帝国主义强加于中国人民的不平等条约，将在适当的时机通过和平谈判，对香港、澳门恢复行使主权。但出于国内外大战略的考虑，为了打破帝国主义对新中国的封锁，以毛泽东同志为主要代表的中国共产党人在 20 世纪 50 年代已经形成了保留香港的资本主义制度对国家发展有利的共识，作出“暂时不动香港”“长期打算，充分利用”的战略决策。

从 20 世纪 50 年代开始，中国政府已经在考虑怎样处理同香港的关系。1957 年 4 月，在上海工商界人士座谈会上，周恩来指出：“我们不能把香港看成内地。……因为香港现在还在英国统治下，是纯粹的资本主义市场，不能社会主义化。香港要完全按资本主义制度办事，才能存在和发展，这对我们是有利的。……要进行社会主义建设，香港可作为我们同国外进行经济联系的基地，可以通过它吸收外资，争取外汇。”“香港的企业家是我们的朋友，他们搞的是资本主义，不是帝国主义。过去我们同民族资产阶级合作过，将来同香港的企业家还是可以合作的。”

这些主张实际上包含了我国对香港政策的三项基本原则：第一，香港不同于内地，要按资本主义办事。这一原则确定了党中央关于香港保持资本主义制度长期不变的方针。第二，香港可以作为我国同国外进行经济联系的基地，通过它吸收外资，争取外汇。这一原则确定了党中央关于一定要保持香港的国际金融、贸易中心地位，保持它的繁荣和稳定的方针。第三，我们把香港的企业家当朋友，要同他们合作，而这一合作是有前途的。这一原则实际上确定了团结包括香港资产阶级在内的广大香港人民，实行长期合作的方针，这就为后来的“港人治港”打下了基础。

对于解决香港问题的“恰当时机”，毛泽东曾经有过初步设想。1972年10月，周恩来会见《泰晤士报》记者时首先予以披露：“当条约到期时，两个国家必须进行谈判。”1974年5月，毛泽东会见英国前首相希思时再度表态，香港在1997年应当有一个平稳的交接。

经过艰苦努力，1972年，在第27届联合国大会上，香港和澳门从殖民地名单上删除，标志着香港、澳门问题进入了回归中国的实质性阶段。在党的第一代中央领导集体的思想结晶中，早已孕育着通过和平谈判对香港、澳门恢复行使主权，保留这些地区资本主义制度的设想。当然，由于当时各种历史条件的限制，这些设想本身不够完善，也缺少实施条件，但对后来“一国两制”的科学构想的提出具有重要的先导作用。

（三）“和平统一，一国两制”的酝酿与出台

国家统一，是任何一个民族想要发展就必然要解决的根本问题。“文化大革命”结束之后，党的十一届三中全会重新确立了解放思想、实事求是的思想路线，逐步形成确立了建设有中国特色的社会主义理论和建设道路。随着改革开放事业的推进，实现祖国和平统一、集中力量进行社会主义现代化建设和反对霸权主义、维护世界和平，成为当时党和国家的三大历史任务。“一国两制”是邓小平为了实现祖国和平统一的目标而提出的创造性构想，为解决香港、澳门和台湾问题打开了思路。

“一国两制”实施的必要前提是坚定不移地坚持世界上只有一个中国，

大陆是主体，在坚持社会主义制度不变的前提下，允许港澳台地区建立特区，继续实行资本主义制度。而“一国”之所以可以与“两制”并存，其根本还是在于两种社会制度具有商品经济的共性。商品经济是一种先进的生产方式，商品经济并非资本主义独有，它同样有利于发展中国的先进生产力。过去由于对社会主义的僵化理解，认为社会主义经济就是计划经济，把计划经济和商品经济根本对立了起来，但在社会主义初级阶段，商品经济的充分发展仍然是社会经济发展“不可逾越”的阶段。商品经济，正是社会主义和资本主义两种社会制度在经济上存在的内在纽带。

“一国两制”的科学构想是实事求是的产物。“一国两制”的着眼点本来是想解决台湾问题。但由于台湾问题的复杂性与艰巨性，“一国两制”构想的突破口就转移到了条件相对成熟的香港问题上来。“采用和平方式解决香港问题，就必须既考虑到香港的实际情况，也考虑到中国的实际情况和英国的实际情况。”①

20 世纪 70 年代末、80 年代初，香港“新界”租期将满，和平谈判解决香港问题的时机逐渐成熟。1979 年 3 月，邓小平会见来访的时任香港总督，首次公开了自己对香港问题的想法：“我们把香港作为一个特殊地区、特殊问题来处理。到了 1997 年，无论香港问题如何解决，它的特殊地位都可以得到保证。说清楚一点，就是在本世纪和下世纪初相当长的时期内，香港可以搞它的资本主义，我们搞我们的社会主义。”

1982 年 9 月，英国首相撒切尔夫人访华，揭开了中英会谈的序幕。时任中央顾问委员会主任邓小平会见了撒切尔夫人。会谈中撒切尔夫人坚持

① 邓小平：《中国是信守承诺的》，《邓小平文选》第 3 卷，人民出版社 1993 年版，第 101 页。

“必须遵守有关香港问题的三个条约”。邓小平则斩钉截铁地指出：“关于主权问题，中国在这个问题上没有回旋的余地。坦率地讲，主权问题不是一个可以讨论的问题。现在时机已经成熟了，应该明确肯定：一九九七年中国将收回香港。……如果不收回，就意味着中国政府是晚清政府，中国领导人是李鸿章！”[①]“如果说宣布要收回香港就会像夫人说的‘带来灾难性的影响’，那我们要勇敢地面对这个灾难，做出决策。”[②]这次会见，打开了中英会谈的大门。双方领导人就香港问题阐述了各自的立场，双方本着维持香港繁荣与安定的共同目的，同意在这次访问后，通过外交途径进行商谈。

此后两年多时间里，中英双方围绕中国收回香港主权、收回主权后香港采取什么制度和政策、过渡时期保证香港的繁荣稳定等问题进行了多次谈判。谈判一度出现僵局，香港社会也曾因此而躁动不安。中国政府在主权问题不让步的原则立场基础上，按照“一国两制”方针，提出“收回主权，制度不变，港人治港”的方法，很快打破了僵局，谈判获得巨大成功。经过一年多的艰苦谈判，中英两国终于就香港问题达成了协议。1984 年 12 月 9 日，《中华人民共和国政府和大不列颠及北爱尔兰联合王国政府关于香港问题的联合声明》（以下简称《关于香港问题的联合声明》）在北京正式签字。中英《关于香港问题的联合声明》圆满解决了中国对香港恢复行使主权的问题，为香港长期繁荣稳定提供了坚实的基础。1984 年 12 月 19 日，邓小平会见撒切尔夫人时谈到，“‘一国两制’是行得通的”，“中国是信守自己的诺言的”。[③]根据中英《关于香港问题的联合声明》，中国政府将于

① 邓小平：《我们对香港问题的基本立场》，《邓小平文选》第 3 卷，人民出版社 1993 年版，第 12 页。
② 邓小平：《我们对香港问题的基本立场》，《邓小平文选》第 3 卷，人民出版社 1993 年版，第 14 页。
③ 邓小平：《中国是信守诺言的》，《邓小平文选》第 3 卷，人民出版社 1993 年版，第 102 页。

1997 年 7 月 1 日起对香港恢复行使主权。

1979 年中国与葡萄牙建交时，双方就澳门问题达成谅解，葡萄牙承认澳门是中国的领土，双方同意在适当时候通过两国政府间的谈判解决澳门问题。1987 年 4 月 13 日，中葡两国经过友好谈判，发表了《中华人民共和国政府和葡萄牙共和国政府关于澳门问题的联合声明》（以下简称《联合声明》）。《联合声明》指出，中华人民共和国政府将于 1999 年 12 月 20 日对澳门恢复行使主权。为了使澳门平稳过渡，实现政权的顺利交接，中葡两国政府友好协商，积极合作完成了一系列艰巨繁难的准备工作。1988 年 1 月 15 日，双方交换了关于《联合声明》的批准书，该《联合声明》开始生效。

二、回归祖国，香港、澳门新气象

习近平总书记指出：“‘一国两制’是中国的一个伟大创举，是中国为国际社会解决类似问题提供的一个新思路新方案，是中华民族为世界和平与发展作出的新贡献，凝结了海纳百川、有容乃大的中国智慧。”①

① 习近平：《在庆祝香港回归祖国二十周年大会暨香港特别行政区第五届政府就职典礼上的讲话》，《人民日报》2017 年 7 月 2 日。

（一）“港人治港”“澳人治澳”

1997 年 7 月 1 日，香港这颗东方明珠终于回到了祖国的怀抱。1999 年 12 月 20 日，澳门也回归祖国。中央政府分别在香港和澳门成立了中华人民共和国的特别行政区，全面实践“一国两制”“港人治港”“澳人治澳”的方针，加强内地同香港、澳门地区经贸文化及各方面的交流，保持香港、澳门地区的持续稳定繁荣。中国政府对香港和澳门地区恢复行使主权，这是中华民族的两件盛事，亦是 20 世纪末世界上有重大影响的历史事件。但西方世界却不轻易认可中国的成功，他们对香港回归后的发展道路提出了一些质疑。他们认为，香港回归祖国后，在政治、经济的文化和教育方面都将面临大幅度的改革与调整，这将对香港本来的社会生态平衡造成破坏。有一部分香港人，对“一国两制”“高度自治”也心存疑虑，甚至有些人采取移居海外的方式来规避“动荡”。西方的一些媒体抓住这个机会嘲讽“一国两制”的政策，作出极端预言，认为香港回归之后，就是一片死局。

“一国两制”

“一国两制”是“一个国家，两种制度”的简称。中国共产党为解决祖国大陆和台湾和平统一的问题，以及中国在香港、澳门恢复行使主权的问题而提出的基本国策。即在中华人民共和国境内，国家的主体坚持社会主义制度作为整个国家的社会制度，同时允许台湾、香港、澳门保留资本主义制度。

“一国两制”政策以“一个中国”为原则，并强调“中华人民共和国是代表中国的唯一合法政府”。中华人民共和国对香港、澳门恢复行使主权后，香港、澳门可以享有除国防和外交以外的其他事务高度自治权。其他事务高度自治及参与国际事务的权利被 称为“港人治港，高度自治”及“澳人治澳，高度自治”。

这个方针已经使香港问题、澳门问题得到解决，正在有力地推动台湾问题的解决。2019 年 1 月 2 日，习近平总书记在《告台湾同胞书》发表 40 周年纪念会上指出：“‘和平统一、一国两制’是实现国家统一的最佳方式，体现了海纳百川、有容乃大的中华智慧，既充分考虑台湾现实情况，又有利于统一后台湾长治久安。”

“一国两制”也为世界上仍在分裂中的民族和国家实现和平统一，为用和平方式解决国际争端提供了新的思路和经验。

为了打破一些人对“一国两制”的质疑，香港、澳门回归之后，我国政府始终坚持“一国两制”“港人治港”“澳人治澳”“高度自治”的基本方针，积极支持、帮助香港、澳门实现繁荣稳定。为了体现“港人治港”“澳人治澳”的基本原则，《中华人民共和国香港特别行政区基本法》和《中华人民共和国澳门特别行政区基本法》都规定了特别行政区主要官员由香港和澳门的中国人来担任。第一任香港特别行政区行政长官董建华和第一任澳门特别行政区行政长官何厚铧都是香港、澳门本地人士选出，也是当地居民。而在英国和葡萄牙殖民期间，香港和澳门的市民并未享有如此充分的民主和自由。在香港生活了半个多世纪的英国人杜叶锡恩说：“所有人都没有料到的是，在中国的治理下，香港人民享受到了比英国人统治下更为民主的制度。”

2017年，时任香港特别行政区行政长官梁振英在施政报告中提到，美国传统基金会连续22年评选香港为全球最自由的经济体。美国智库卡托研究所公布“2016年人类自由指数”排名，按法治、行动自由、公民自由、经济自由等79项指标，对全球159个国家及地区作出评估，香港连续6年排名第一。这些数据与事实都在强有力地证明，回归后的香港和澳门，在“一国两制”的保障下，能够继续保持原有的资本主义制度和生活方式不变，全面行使香港基本法、澳门基本法授予的行政管理权、立法权、独立的司法权和终审权等高度自治权，香港和澳门市民应享有的民主权利和自由都得到了落实。

（二）背靠内地，面向世界——新香港启程

回顾“一国两制”在香港特别行政区的实践历程，总结保持香港长期繁荣稳定的历史经验，一个结论分外鲜明：全面准确理解和贯彻“一国两制”方针政策，香港与祖国才能同发展、共繁荣。2005年，时任香港特别行政区行政长官曾荫权发表其任内首份施政报告，表明香港的发展策略，就是“背靠内地，面向世界”，致力加强自身优势，巩固香港作为亚洲国际都会和国家重要的国际金融、贸易、交通运输及资讯中心的地位。

1997年7月2日，泰国央行宣布泰铢不再与美元挂钩，将采取浮动汇率。这是亚洲金融风暴的开始。很多人没有想到这次风暴会来得那么猛烈，持续那么长时间。而香港当时也认为自身金融体系稳健，冲击应该不会很大，但事后发现这个判断并不正确。作为世界四大金融中心之一的香港受到严重的影响，股市下跌、汇率不稳定、经济持续低迷，失业率居高不下。

而带领香港脱离金融险境，实现稳定和复苏的是中央政府提供的强大市场和稳定的货币汇率。当时采取的措施主要有四个方面：一是加大对香港的扶持力度，包括开放内地市场、加大对香港基本生活品的供应、加大基础设施投资等一系列措施，使香港经济逐渐复苏。二是帮助香港应对国际金融投机，动用庞大的外汇储备吸纳港元，调高利息并抽紧银根。三是调动中资公司积极进入香港股市，先后有 24 家蓝筹、红筹上市公司从市场回购股份，推动大市上扬。四是支持以 1000 亿港元平准基金稳定香港股市、汇市。时任香港特别行政区行政长官董建华认为，中央政府对香港应对金融危机的政策“实在值得赞赏”，是对香港的“巨大帮助”。

无论是 1998 年亚洲金融风暴，2003 年“非典”肆虐，还是 2008 年国际金融危机，每当香港遭遇困难和挑战，中央政府总是在关键时刻义不容辞地出手相助，帮助香港转危为安、渡过难关。从 49 个内地城市开通香港个人游，到确保对香港基本生活物资的安全稳定供应；从签署《内地与香港关于建立更紧密经贸关系的安排》，到全方位提升香港的国际竞争力……一系列惠港政策，不仅考虑短期发展，而且兼顾长期利益，体现中央政府贯彻执行“一国两制”方针政策、保持香港长期繁荣稳定的坚定决心。

对于香港而言，把眼光放远、把视野放宽，在家国情怀中瞩望全中国，才能在参与中华民族伟大复兴的事业中，获得更为广阔的发展空间。

（三）一个中心，一个平台——新澳门腾飞

与香港类似，澳门在回归祖国的怀抱之后，也迎来了自身发展新的春天。20 世纪 90 年代中期，澳门的制造业基本上没有发展的势头了，而博彩

这个澳门典型的经济发展点，也因为治安和经营成本等问题持续低迷。回归以后，在“一国两制”方针的指引下，治安迅速稳定下来，加之内地的迅速崛起，让澳门发展迎来了新的生机。

澳门回归后，社会和经济迎来了历史上发展最快的时期。澳门经济曾长期依赖博彩业，回归以后，中央政府从国家整体战略的高度规划港澳发展，促进粤澳合作和珠三角区域合作，澳门顺势而为，推动产业多元化，进一步加强澳门、内地企业与葡语系国家的商贸关系，建设葡语系国家人民币清算中心，培育具有自身特色的金融业。同时，澳门多次举办世界旅游经济论坛，打造有国际影响力的会展品牌，培育旅游休闲、会展、文化创意、中医药、信息科技、物流等产业，建设“世界旅游休闲中心”，开拓出新的经济发展空间。澳门本地生产总值、特区政府财政收入和社会保障支出均持续大幅度增长，而居民失业率则逐年下降。澳门居民享受着特区政府提供的各种福利和保障，其中仅福利政策就包括现金分享、社会保障津贴、医疗券、住房电费补贴、学生津贴、豁免房屋税等等，并且这些福利和保障措施还在不断完善。根据2016年的数据统计，1999年澳门人均GDP是1.5万美元，到2014年GDP总量达到555亿美元，人均GDP高达8.9万美元，是中国人均GDP最高的城市。

澳门经济实现跨越式发展，社会取得全面进步，民生得到较大改善，与内地联系进一步加强。澳门的成功与澳门特区政府有效管治、积极施政分不开，与中央政府和内地的大力支持分不开，与“一国两制”的有效实施分不开。澳门“一国两制”的实践证明，只要坚定背靠祖国坚强后盾，坚决贯彻“一国两制”“澳人治澳”“高度自治”的方针和澳门基本法，坚定不移推进经济适度多元可持续发展，澳门就可以保持经济繁荣、社会稳定、民众安居乐业。

三、乘风而上，开拓时代新局面

“一国两制”在实践中已经取得举世公认的成功，具有强大生命力。在新时代国家改革开放进程中，香港、澳门仍然具有特殊地位和独特优势，仍然可以发挥不可替代的作用。“一国两制”在香港、澳门的实践也积累了宝贵经验，为海峡两岸关系的发展奠定了更加光明的未来。

（一）两岸同胞血脉相连

海峡两岸同胞是一家人，有着共同的血脉、共同的文化、共同的联结、共同的愿景。第二次世界大战之后，人们已经疲于战争状态，对和平的渴望极为强烈。邓小平敏锐地把握了和平与发展的时代主题，从中国大陆和香港、澳门、台湾的实际出发，顺应历史潮流，提出“一国两制”的构想，化解了两种社会制度之间的屏障。“我很有信心，‘一个国家，两种制度’是能够行得通的。这件事情会在国际上引起很好的反应，而且为世界各国提供国家间解决历史遗留问题的一个范例。”[①] 实践证明，“一国两制”不仅对香港、澳门回归后保持长期繁荣稳定意义重大，也为台湾问题的解决发挥了重要的示范作用。

1979 年元旦，中美两国正式建交。随着中美关系正常化，台海问题的

① 邓小平：《我们非常关注香港的过渡时期》，《邓小平文选》第 3 卷，人民出版社 1993 年版，第 68 页。

解决也逐渐提上日程。同日，全国人大常委会发表《告台湾同胞书》，郑重宣示了争取祖国和平统一的大政方针。1981 年 8 月 26 日，邓小平在北京会见港台知名人士傅朝枢时，首次公开提出解决台湾、香港问题的“一国两制”构想。邓小平说，和平解决台湾问题，可以采取独特的模式，社会制度不变，台湾人民的生活水平不降低，外国资本不动，台湾可以拥有自己的武装力量。即使武装统一，台湾的现状也可以不变，台湾作为中华人民共和国的一个省、一个区，还保持它原有的制度、生活。中共十分愿意、十分赞成国共第三次合作，中国这件事要台湾海峡两岸的领导人和人民来决定。希望台湾的领导人眼界放宽点、看远点。统一中国，是中国人民的希望，是中华民族的希望。

知识链接

《告台湾同胞书》发表 40 周年

2019 年 1 月 2 日，中共中央总书记、国家主席、中央军委主席习近平在《告台湾同胞书》发表 40 周年纪念会上指出：

两岸关系发展历程证明：台湾是中国一部分、两岸同属一个中国的历史和法理事实，是任何人任何势力都无法改变的！两岸同胞都是中国人，血浓于水、守望相助的天然情感和民族认同，是任何人任何势力都无法改变的！台海形势走向和平稳定、两岸关系向前发展的时代潮流，是任何人任何势力都无法阻挡的！国家强大、民族复兴、两岸统一的历史大势，更是任何人任何势力都无法阻挡的！

回顾历史，是为了启迪今天、昭示明天。祖国必须统一，也必然统一。这是70载两岸关系发展历程的历史定论，也是新时代中华民族伟大复兴的必然要求。两岸中国人、海内外中华儿女理应共担民族大义、顺应历史大势，共同推动两岸关系和平发展、推进祖国和平统一进程。

第一，携手推动民族复兴，实现和平统一目标。民族复兴、国家统一是大势所趋、大义所在、民心所向。一水之隔、咫尺天涯，两岸迄今尚未完全统一是历史遗留给中华民族的创伤。两岸中国人应该共同努力谋求国家统一，抚平历史创伤。广大台湾同胞都是中华民族一分子，要做堂堂正正的中国人，认真思考台湾在民族复兴中的地位和作用，把促进国家完全统一、共谋民族伟大复兴作为无上光荣的事业。

第二，探索"两制"台湾方案，丰富和平统一实践。"和平统一、一国两制"是实现国家统一的最佳方式，体现了海纳百川、有容乃大的中华智慧，既充分考虑台湾现实情况，又有利于统一后台湾长治久安。

第三，坚持一个中国原则，维护和平统一前景。尽管海峡两岸尚未完全统一，但中国主权和领土从未分割，大陆和台湾同属一个中国的事实从未改变。一个中国原则是两岸关系的政治基础。坚持一个中国原则，两岸关系就能改善和发展，台湾同胞就能受益。背离一个中国原则，就会导致两岸关系紧张动荡，损害台湾同胞切身利益。

第四，深化两岸融合发展，夯实和平统一基础。两岸同胞血脉相连。亲望亲好，中国人要帮中国人。我们对台湾同胞一视同仁，将继续率先同台湾同胞分享大陆发展机遇，为台湾同胞台湾企业提供同等待遇，让大家有更多获得感。和平统一之后，台湾将永保太平，民众将安居乐业。有强大祖国做依靠，台湾同胞的民生福祉会更好，发展空间会更大，在国际上腰杆会更硬、底气会更足，更加安全、更有尊严。

第五，实现同胞心灵契合，增进和平统一认同。国家之魂，文以化之，文以铸之。两岸同胞同根同源、同文同种，中华文化是两岸同胞心灵的根脉和归属。人之相交，贵在知心。不管遭遇多少干扰阻碍，两岸同胞交流合作不能停、不能断、不能少。

两岸同胞要共同传承中华优秀传统文化，推动其实现创造性转化、创新性发展。两岸同胞要交流互鉴、对话包容，推己及人、将心比心，加深相互理解，增进互信认同。要秉持同胞情、同理心，以正确的历史观、民族观、国家观化育后人，弘扬伟大民族精神。亲人之间，没有解不开的心结。久久为功，必定能达到两岸同胞心灵契合。

支持和追求国家统一是民族大义，应该得到全民族肯定。伟大祖国永远是所有爱国统一力量的坚强后盾！我们真诚希望所有台湾同胞，像珍视自己的眼睛一样珍视和平，像追求人生的幸福一样追求统一，积极参与到推进祖国和平统一的正义事业中来。

国家的希望、民族的未来在青年。两岸青年要勇担重任、团结友爱、携手打拼。我们热忱欢迎台湾青年来祖国大陆追梦、筑梦、圆梦。两岸中国人要精诚团结，携手同心，为同胞谋福祉，为民族创未来！

改革开放之后，祖国大陆加强了与台湾地区的经济政治文化交流与合作，两岸往来日渐频繁，民间交流不断扩大。1987 年，祖国大陆向台湾同胞打开了两岸交流的大门，台湾当局开放台湾民众赴大陆探亲，长达 38 年的两岸隔绝状态被打破了。1992 年，海峡两岸达成了各自以口头方式表述“海峡两岸均坚持一个中国原则”的共识。同年，大陆海协会与台湾海基会达成“海峡两岸均坚持一个中国原则”的“九二共识”，更是为日后两岸的协商打下了政治基础。1993 年“汪辜会谈”开启了新阶段，推动了两岸的经贸往来和民间交流。截至 2017 年，祖国大陆与台湾的贸易年总金额达到近 2000 亿美元，两岸人员往来与交流近 900 万人次，大陆和台湾在经济上已经形成了互利互补、互促互近的共赢关系。

（二）港澳台发展与祖国发展共命运、同历程

对国家的认同和归属感与国家发展的前途命运是息息相关的。随着中国大陆改革开放的逐步深入以及中国经济的长期高速平稳发展，随着中国综合国力的日益提升，随着香港、澳门、台湾与内地（大陆）文化交流合作的不断加强，增强了港澳台同胞对中华文化的认同，促进了人心回归。

“香港灭亡论”

1995 年 6 月，美国《财富》杂志国际版亚洲区女记者露易丝·克拉尔在《香港之死》一文中断言：香港回归后，必将丧失它作为一个充满活力的国际商贸中心的地位，北京会控制香港特区政府的

各个部门，英语会被普通话所代替，外商会受到不公平待遇，人民币会取代美元与港币挂钩，解放军士兵会布满大街……香港未来的赤裸裸的真相可以用两个字概括——完蛋。

2002年上半年，《财富》又以《谁要香港？》作为封面标题，对主权移交近5年来的香港现状表示忧虑，称中国经济向全球开放后，香港作为外资进军内地的大门作用会丧失，加上香港内部经济问题重重，因此香港的地位将会被上海取代。这引起香港特区政府的强烈抗议和有力的反驳。

在历史证明了回归祖国的新香港的生机与活力之后，《财富》开始道歉认错。2007年7月，香港回归10周年之际，《财富》编辑沙里丹·普拉索撰写了题为《哎哟，香港根本死不了》的文章。该文写道："1995年，《财富》杂志曾预言香港主权移交回中国后，它将会衰落。但是在2007年，这座城市比以前更繁荣——好吧，好吧，我们错了……自1997年7月1日的移交过去了10年，香港远没有死，并且几乎不会死。"同一年，《时代》周刊发表题为《晴天，有云》的文章，以整整25页的篇幅探讨回归10年后的香港变化，对"香港死亡"的言论进行重新审视，承认其姐妹杂志《财富》当年报道错误，认为香港比从前更有活力。

中国内地对香港一直持积极肯定的态度，但近年来，社会上也逐渐出现三种相对负面的看法。第一，认为随着内地经济的发展，香港在国家未来发展格局中的地位会下降，认为香港的黄金时代已经结束。第二，认为香港在经济发展上不断依赖中央的优惠政策和内地的“输血”，但政治上却不断制造麻烦。中央为了稳定香港，往往要满足香港的需求，由此认为香港将会成为未来国家发展的“包袱”。第三，认为区域经济整合问题上，香港总是利用自己在国家战略中的地位，不断透过中央向地方施加压力。大到深圳、上海发展的定位，小到港珠澳大桥规划方案和上海开办迪士尼乐园的规模等。其实，这些疑虑都是不必要的。祖国内地与香港是血脉相连、人文相通、经济相融的命运共同体，理应同呼吸、共命运、齐奋斗，理应同舟共济、相扶相持、共生共荣。国家发展的阶段不同，不同地区所呈现的优势也会发生转变。过去，香港、澳门是中国对外的重要窗口，未来香港、澳门依然是国家发展中不可缺少的一环。香港、澳门拥有国际金融、贸易、航运中心的地位、强大的国际商业网络、丰富的金融集资经验、国际化的管理体制和人才。内地可以善用香港、澳门的优势，优化产业结构，加快建设现代产业体系建设，使第三产业更上一层楼。而香港参与内地的有关发展，可带来庞大商机，进一步提升本身服务业发展，并创造更多就业机会。不断推进“一国两制”在香港和澳门的成功实践，也是中国梦的重要组成部分。

2015 年 11 月 7 日，习近平、马英九在新加坡进行了历史性会面，两岸关系翻开了新的一页。2017 年 10 月 18 日，党的十九大召开，针对台海问题，习近平总书记在党的十九大报告中再次重申“九二共识”，并指出：“解决台湾问题、实现祖国完全统一，是全体中华儿女共同愿望，是中华民族根本利益所在。必须继续坚持‘和平统一、一国两制’方针，推动两岸关系和平发展，推进祖国和平统一进程。”这为今后一段时期对台工作指明了总体方向。两岸关系发展的实践充分证明，“和平统一、一国两制”方针顺应时代潮流和历史大势，最符合包括台湾同胞在内的中华民族的整体利益，是实现国家统一的最佳构想。我们要保持战略信心和战略定力，继续以最大诚意、尽最大努力争取和平统一的前景。

改革开放 40 年来，香港、澳门、台湾对内地（大陆）经济的发展做出了很大贡献，现在香港、澳门、台湾与内地（大陆）之间建立了更加紧密的联系，内地（大陆）经济的发展，对香港、澳门、台湾的经济发展亦起到了重大的推动作用。随着改革开放向更高层次的迈进，香港、澳门、台湾也获得了发展的良机，只要把握好机遇，它们就可以发挥自身的独特优势，和内地（大陆）经济一起腾飞。

延伸阅读

1. 习近平:《在庆祝香港回归祖国二十周年大会暨香港特别行政区第五届政府就职典礼上的讲话》,《人民日报》2017 年 7 月 2 日。

2. 习近平:《在庆祝中华人民共和国成立 65 周年招待会上的讲话》,《人民日报》2014 年 10 月 1 日。

深度思考

1. “一国”和“两制”是什么关系?

2. “一国两制”的国际意义是什么?

3. 为什么说“一国两制”是解决台湾问题的最佳构想?

后 记

马克思主义的学者应该自觉地承担起两个使命，一是马克思主义的学术研究；二是马克思主义的理论宣传。学术研究使我们能够更深入地领会、把握马克思主义，理论宣传使马克思主义成为“武器的批判”，更广泛地掌握群众，变为改造世界的现实力量。本书是笔者《中国改革为什么能成功》之后的又一部主题著作。它以马克思主义理论畅谈了中国改革开放这一体现人民智慧的理性选择，力图增强人们对我们党改革开放理论和实践的认同感，以提升共识，凝聚力量，在新时代改革开放中贡献每个人的智慧和价值。

本书是为庆祝中华人民共和国 70 周年华诞献礼的《跨越（1949—2019）》四部曲中的第二部，由北京师范大学教授、马克思主义制度理论研究中心主任徐斌负责全书的提纲和总体框架的设计。本书是团队互相沟通、共同合作的成果，其成员都来自北京师范大学，徐斌是团队负责人，对本书负完全责任。具体分工是：徐斌（前言、第一章，合著第六章）；李夏洁（第二章、第十章，合著第八章）；张雯（第三章）；葛欣冉（第四章）；徐少敏（第五章）；马骏（合著第六章、第八章）；冯楠楠（第七章）；巩永丹（第九章）。李夏洁、黄玉霞、葛欣冉、徐少敏负责校对和编排。

感谢北京华景时代文化传媒有限公司朱文平总裁和刘雅文女士的指导和支持。北京宣武红旗业余大学公共课部主任李媛媛教授对本书的写作提出了有价值的建议，在此一并表示感谢。

徐　斌

2019 年 1 月 18 日